ちくま新書

日本思想史の名著30

苅部 直
Karube Tadashi

1343

日本思想史の名著30

【目次】

まえがき

『日本思想史の名著30』という題名は、ちくま新書から出ている一連の書目にあわせたもので、「名著」の命名にも30という数にも、特に意味はない。もちろん、ここに挙げていない思想史上の無数の著作は名著でないと言うつもりもない。古代から昭和戦後期まで、時代の思潮を知る上で重要と思われるテクストや、その思想家の著作を読み始めるのに適切なものを選んでみた。

講義をやっていて、毎年必ずもらう質問に「この思想は同時代の日本人のうち、どれくらいの範囲で共有されていたのですか」というものがある。社会科学的思考をいくぶんか身につけている証拠とも言えるが、愚問である。印刷された刊本の出版部数と識字率からある程度推測できる場合もあるだろうが、たいていの著作については実証のしようがない。それよりも、同時代に大流行しなかった作品には価値がないという粗野な判断が透けてみえるようで、あまり歓迎できない。

たとえば、ジョン・ロックの『統治二論』が出版されたとき、イングランド人にどれほど読まれていたかと問えば、その割合は微々たるものだろう。しかしその本が論争を引き起こし、のちの時代にも読み継がれることで、ロックの思想は政治の制度と実践を大きく変えていった。その範囲は近代的な憲法と政治原理の普及とともに、いまや全世界に及んでいる。思想の意味とは、そうした形で後世に伝わってゆくものだろう。

日本の思想史において著名なテクストも、規模の違いはあれ、同じような回路を通じて名をのこしてきた。時代をこえて読み継がれ、解釈し直されることによって、その意味は受けとめられてゆく。「没後には著作が読まれなくなった人物ののこしたテクストから、重要な思想を発見できるのではないか」という意見にも一定の説得力はあるが、実際のところそういう事例はあまりない。弾圧を受けたといった事情があれば別であるが、「忘れられた思想家」には、忘れられてしまうだけの原因がある。

広い意味で古典と呼ぶべき著作を三十選んで解説を試みたが、ほかの人が選べば、また大きく違ったラインナップになるだろう。特に古代と中世が手薄になっているのは、これまでの勉強の範囲に由来する。新書という形式のため、先行研究にはごく少数しかふれていないが、多くの研究書や論文から知見をえることで、本書の思想解釈も成り立っていることは、もちろんである。各章の末尾に、それぞれ現在入手しやすい刊本を挙げているが、出典はそれと必ずしも同一ではない。引用にさいしては、現行の常用漢字体を用い、ルビをふるなど読みやすいように最小限の修正を加えている。

雑誌『ちくま』（二〇一五年一月号〜十二月号）と、Webちくま（二〇一六年九月〜二〇一八年二月）に連載したものをまとめたが、第二十九章については、『ちくま』二〇一五年十二月号掲載のものを、『文學界』二〇一八年四月号の特集「死ぬまでに絶対読みたい名著」に寄稿した文章にさしかえた。ほかの章に関しても、収録にあたって検討し直し、修正している。連載からずっと担当していただいた、ちくま新書編集部の松田健さん、執筆の機会をくださった『文學界』編集長の武藤旬さんをはじめ、ご助力いただいた多くの方々に感謝したい。

二〇一八年六月

I

1 『古事記』——国土とカミの物語

†世界の始まり

『古事記』の冒頭はこう始まっている。「天地《あめつち》初めて発《あらは》れし時に、高天原《たかあまのはら》に成りし神の名は、天之御中主神《あめのみなかぬしのかみ》。次に、高御産巣日神《たかみむすひのかみ》。次に、神産巣日神《かみむすひのかみ》」（以下、読み下しは山口佳紀・神野志隆光《こうのしたかみつ》校注・訳『新編日本古典文学全集1　古事記』小学館、一九九七年による）。

『古事記』は、漢字による日本語表現をまじえた独特の漢文によって書かれている。はじめから純粋な漢文で書かれた『日本書紀』とは対照的である。二つの歴史書の編纂の関係については、古くは梅澤伊勢三によって指摘され、近年も神野志隆光、水林彪《たけし》らによって詳しく分析がなされてきた。そうした見解によれば、『日本書紀』は「日本」と名のる王朝の正史として、当時の東アジア世界の共通文章語であった中国語によって記された、いわば外むきの歴史書であった。しかし、外国語による表現をなるべく排し、日本語と漢語の双方の表現を意識して組み合わせながら、別に編纂を進めたのが『古事記』なのである。

　したがって、原文で記せば「天地初発之時」となる冒頭の一句に、すでにその物語が前提とする世界観が表われている。「初発之時」について本居宣長『古事記伝』は単純に「はじめのとき」と訓をつけているが、その程度の簡単な意味かもしれない。この自然界を構成する天《あめ》と地《つち》の始まりの時、天の側には「高天原」という領域があり、そこに三柱の神が次々に「成」った。そして地の側は「国稚《わか》く浮ける脂《あぶら》の如くして」という状態であり、やがて高天原に何柱かの神々が登場したのち、伊耶那岐神《いざなきのかみ》（イザナキ）、伊耶那美神《いざなみのかみ》（イザナミ）の男女二神が登場し、どろどろになっていた地をかきまわして、「国」を堅め作ることになるだろう。これがいわゆる「国生み」であり、日本国すなわち「葦原中国《あしはらのなかつくに》」の国土の形成へとつながってゆく。

　ここでは、物語の始めから「天」と「地」が存在しているのであり、それがどうして生まれたか、天地が始まる前はどんな状態だったのかといった問いへの関心は見られない。神々もまた、世界を超越し、その外から万物を一挙に創造するような存在ではなく、天地とともに登場し、複数の神が順々に現われながら、地上の国土とそこに生きる生物を産んでいった。この神々の系譜が、やがてイザナキの子供である天照大御神《あまてらすおおみかみ》から、その孫の邇《に》邇藝命《にぎのみこと》をへて、代々の天皇に連なってゆく。全体の物語は、そうした形で日本の国土の形成と、それを統治する皇室の由来を説明するものとして構成されているのである。

したがって、かつては冒頭に登場する天之御中主神を世界の創造神のように位置づけたり、万物を生成する原理を読み取ったりする解釈が行なわれたこともあるが、そうした理解を展開することには慎重になった方がいいだろう。少なくとも、目の前にある世界を超える何らかの人格や原理を提示することに、主眼を置いたテクストではない。神の概念に関しても、本居宣長が『古事記伝』(三之巻)で指摘したように、『古事記』に登場するカミとは、「尋常《ヨノツネ》ならぬすぐれたる徳《コト》のありて、可畏《カシコ》き物」を総称して呼ぶ言葉であり、動植物や海・山などさまざまな存在がカミたりうる。人間の目に見えず、世の動きを左右する力をもったカミもそのなかにはいるが、それもこの現実世界のなかにいて、働きを及ぼしている。

†「古層」論をどう読むか

戦後に日本政治思想史の研究の基礎を築いた丸山眞男が、一九六〇年代以降、日本思想の「原型」もしくは「古層」と呼ばれる領域を探究するようになったことは、よく知られている。しばしば、大学紛争のショックで歴史研究に沈潜しはじめたかのように誤解されるのだが、東京大学での講義ではすでに一九五六年度の講義で古代の思想から講義を始め、「我国の文化構造の伝統型」の存在を指摘している(『丸山眞男講義録』別冊一、東京大学出版会、二〇一七年、三四頁)。海外を訪れるのもそのあとだから、外国経験を通じて「日本的なるもの」を再発見するという、ありがちなパターンをふんだわけでもない。

その構想は、「日本人」の心には尊皇心の伝統が「建国」以来ずっと伝わっていると説くような「日本精神」論に陥ることを避けながら、日本の思想の支配的潮流を一定の特性が支えている構造を説明しようと試みるものであった。実体として一つの「精神」が存続しているというのではなく、外来思想を輸入するさいにそれを変容させるメカニズムのなかに、一定のパターンが見られることを対象化しようとしたのである。そのパターンについて、六〇年代の講義では「原型」と呼び、七〇年代にはそれを「古層」、続いて「執拗低音(basso ostinato)」と、試行錯誤しながら名前をつけかえている。

この「古層」「執拗低音」に関する構想を活字論文の形で初めて公表した作品が、「歴史意識の「古層」」(一九七二年)であり、そこではまさしく『古事記』の冒頭の叙述を重要な手がかりとして用いている。「つぎつぎになりゆくいきほひ」という言葉で丸山はその特質を表現するが、神々が「次に」「次に」時間軸に沿って「成り」、万物が生み出されてゆく。「むすび」(産霊)の言葉に現われる生成のエネルギーへの絶対的な信頼と随順の発想が、そこに現われており、のちのちまで日本思想史の底流として流れ続けたというのである。『古事記』の冒頭で展開される世界観の説明としては説得性をもっているが、先に見たように、テクスト自体では一元的な原理への志向が稀薄であることや、『古事記』のあとの部分には同じ特徴を見いだしにくいといった点で、疑問が残る理解でもある。

しかし他面で、丸山が倫理意識の「古層」「執拗低音」に関しても、『古事記』を素材にして分析しようと苦闘していたことが興味ぶかい。その構想は、一九七六年にプリンストン大学とハーヴァード大学で、"Some Aspects of Moral Consciouness in Japan"と題して英語で講演され、原稿が東京女子大学の『丸山眞男記念比較思想研究センター報告』第十号（二〇一五年三月、同大学ウェブサイトで公開）において活字化されている。『丸山眞男集別集』第三巻（岩波書店、二〇一五年）にもその日本語訳が収録された。このなかで丸山が重視するのは、天照大御神（アマテラス）とその弟、須佐之男命《すさのをのみこと》（スサノヲ）とが、二人で神意を占う「うけひ」の儀式を行なう一節であり、そこに登場する「清明」なる心という表現にほかならない。

†「善」と「清明」

アマテラスとスサノヲとの交渉を語るエピソードは、『古事記』のなかで古代人の倫理のありようを示すものとして、丸山眞男の場合に限らず、よく言及される。二人の神の父であるイザナキは、アマテラスは高天原を、スサノヲは「海原」を、それぞれ統治するよう命じた。ところがスサノヲの方は、母親がいる「根之堅州国《ねのかたすくに》」――研究史上しばしば、死後に行く場所としての黄泉国《よもつくに》と同一視される――に行きたいと泣くばかりで、統治の仕事にいっこうに努めない。そこで怒ったイザナキは、スサノヲを「根之堅州国」へと追いやることにする。

そしてスサノヲは旅立つ前にアマテラスに話をしておきたいと、地上の葦原中国から天へ昇ってゆく。それとともに国土が揺れ、山も川もどよめくのに驚いたアマテラスは、スサノヲは高天原の国を奪おうとしているのだと疑い、きっと「善心」ではないだろうと警戒する。これに対して天上に着いたスサノヲは、自分には「邪心」はないと弁明し、自分の心が「清明」であることを証明するため、「うけひ」をしようと申しでた。そして二人の神は交互にたくさんの子供を産むのだが、女子を産むことに成功したスサノヲは、自分が勝ったと宣言して、さらに乱暴な行為に及び、アマテラスは「天石屋《あめのいわや》」に引きこもってしまう。

丸山は講演原稿のなかで、「善」が「清明」と重ねられ、「邪心」について本居宣長『古事記伝』が「きたなきこころ」という訓をつけていることに注目する。そして、古代人にとって善悪の価値は清浄と穢れの対比と重なっていると指摘した。アマテラスとスサノヲの対話の場合、「善心」すなわち清らかな心は、王室（imperial court）への忠誠として考えられており、「善」の意味する内容は、発話者がいかなる共同体に属しているかによって異なってくる。普遍的な価値に基づいて善悪を判断するのではなく、自分の所属する共同体に忠実であることが「善」とされてしまう傾向。それを丸山は、時代をこえて日本思想史に持続する「執拗低音」であると見なした。これを対象化してしっかりと意識することを通じて、日本人は特殊な共同体の閉域から脱し、普遍的な倫理観を確立できると丸山は考えたのである。

しかし近年は、このエピソードに関してもさまざまな理解が提示されるようになった。そのなかでも独特な例としては、水林彪『記紀神話と王権の祭り』（岩波書店、新訂版二〇〇一年）がある。『日本書紀』ではアマテラスをスサノヲの「姉」と書いているので、女神であることが明らかである。しかし『古事記』の方はそう書いておらず、スサノヲを高天原で待ち受けるさいのアマテラスのようすは、鎧をつけ、弓矢を構えて荒々しく足を踏みならすという、男のような姿である。水林はここに注目し、『古事記』はアマテラスを男神として描いていると説明している。

実際、『古事記』のテクストのうちでアマテラスが女性であるとされる根拠になりうるのは、スサノヲが接近してきた音を聞き、きっと「善心」ではないだろうと語るときに、相手を「我那勢之命《あがなせのみこと》」と呼んでいる点である。通常はこの「せ（勢）」を、女性が男性を呼ぶときの名称であると見なして、そこからアマテラスが女性であるとわかるとされる。だが、小学館『日本国語大辞典』の語釈によれば、「せ」はたしかに女性が用いることの多い言葉であるが、「男性が、兄弟その他の親しい男性に対して用いる場合」も、『日本書紀』や『万葉集』の歌には見られるという。そう考えるなら、『古事記』におけるアマテラスは『日本書紀』の場合と異なって、男である可能性が生じてくる。たしかに、「天石屋」に籠もったのち、外で女性が踊っている賑やかなようすに惹かれ、そっと戸をあけるアマテラスの行動は、男であったとした方が納得がいく。

また、「善心」を心の「清明」さと同じ意味を示すものとして、穢れをすすぎさった清浄さと丸山は解している。こうした「善」の理解も、丸山にかぎらず、和辻哲郎『日本倫理思想史』（一九五二年）など、多くの古代思想論で共有されてきた。しかし、『古事記』はなぜ「善心」のみで通さず、「清明」というもう一つの呼び方を示しているのか。「清明」は、アマテラスとスサノヲの「うけひ」の前後にある二人の言葉に、「心の清く明《あか》き」という形でくりかえし登場する。「善心」と対になる「邪心」はたしかにアマテラスの言葉に見えるように、アマテラスから国を奪おうとする意図を意味しているのだろう。

しかし「邪心」を「きたなきこころ」と訓むのはあくまでも後世の解釈にすぎない。「心の清く明き」は、秩序に従順に従う「善心」よりもさらに根本にある、心の本来的なあり方を指しているのではないか。

佐藤正英は『古事記神話を読む――〈神の女〉〈神の子〉の物語』(青土社、二〇一一年)のなかで、この「善心」と「心の清く明き」とのあいだにある断層を指摘した。そして、スサノヲの「清明」なる心とは、母の住む原郷世界へ行きたいと願う、切迫した衝動にほかならないと解している。しかもアマテラスもスサノヲも、イザナミが死んで「黄泉《よもつ》国《くに》」へ移ったあと、イザナキが一人で産んだ神であることを考えれば、この兄弟もしくは姉弟に母は存在しない。スサノヲが慕う母をイザナミのことと解し、「根之堅州国」を「黄泉国」の別名と考える解釈が多いが、その二つの国が同一である根拠は、『古事記』のなかには見あたらない。

自分が顔を知らない、それどころか実在するかどうかも疑わしい母を求め、葦原中国からも高天原からも遠く離れた異界へと旅立とうとする、激しい衝動。それは通常の善悪の価値をこえ、秩序を混乱させる荒々しさにもつながっている。日常の現実世界を突破してしまうような、やむにやまれぬ情念の力を、古代の人々は「清明」なるものとして尊んだ。佐藤の解釈をさらに敷衍すれば、そのように読むこともできるだろう。『古事記』はそうしたさまざまな解釈の試みを誘うテクストとして、日本思想史の重要な古典であり続けている。

（山口佳紀・神野志隆光校注・訳『新編　日本古典文学全集1　古事記』小学館、一九九七）

2 聖徳太子「憲法十七条」——古代王朝における「和」

†「和」の日本思想？

聖徳太子（五七四年〜六二二年）をめぐっては、近年、教科書での呼称の改定が話題になった。二〇一七（平成二十九）年の二月十四日に、新しい中学学習指導要領にむけた改定案が発表された。そこで、聖徳太子について「厩戸王（聖徳太子）」という名前に変える案が盛りこまれたのに対して、パブリックコメントで異論が百出し、国会質問でもとりあげられた。文部科学省はこれをうけて、翌月末に告示した最終案で撤回している。

教科書調査官の現役・OBの歴史学者たちが書いた、高橋秀樹・三谷芳幸・村瀬信一『ここまで変わった日本史教科書』（吉川弘文館、二〇一六年）によれば、教科書ではそれ以前から見られる傾向であった。「聖徳太子」の称号と、『日本書紀』に見える実名としての「厩戸皇子《うまやとのみこ》」もしくはその原型と推定される「厩戸王」との両者を並記するのが一般的になっていたという。

「聖徳太子」という称号は、確認できるもっとも古い例としては『懐風藻』（天平勝宝三・七五一年成立）の序に見える。明らかに没後、かなりの年数がたってから、その功績をたたえて作られた称号であるから、実名もしくはそれに近いと思われる名前を中心にするべきだ。そうした研究者の意向を反映したいという事情と、「聖徳太子」も並記して残していることを考えれば、当初の改定案もそれほど無理なものではないのかもしれない。

しかし、没後に与えられた称号よりも、生前の実名を重視すべきだという立場をとるなら、たとえば明治天皇も「睦仁（明治天皇）」と書かなければいけないはずである。「聖徳太子」の称号を用いることを、ことさらに忌避する傾向が生まれたのは、かつてその思想が日本の伝統の根幹をなすものとして、高らかに称揚されたことに対する一種の反動なのだろう。

石井公成《こうせい》の論文「伝聖徳太子『憲法十七条』の「和」の源流」（『天台学研究』第十輯、ソウル、二〇〇七年十二月。ブログ「聖徳太子研究の最前線」にてウェブ公開されている）によれば、「和」の思想を説いた偉人として聖徳太子が顕彰されるようになったのは、明治時代になってからのことである。もちろん、民間信仰においては早くから聖徳太子に対する崇拝は存在していた。だがその反面、近世の儒者にとって聖徳太子は概して評価が低い。たとえば頼山陽は『日本政記』（弘化二・一八四五年刊）で、儒学からすれば邪説である仏教の移入に努めたことに加えて、蘇我馬子が崇峻天皇を殺すのを放置したことを、きびしく批判している。臣下が主君を暗殺するという、忠のモラルを破る大犯罪と結びつく存在として、聖徳太子は批判対象でもあった。

これに対して、近代になると日本の思想の伝統を象徴する偉人として、聖徳太子が大きく注目されるようになる。西洋語の constitution の訳語として、聖徳太子の定めた「憲法十七条」と同じ「憲法」が採用された事情も、そうした評価の転換を助けただろう。漢文で書かれた『日本書紀』の平安時代中期の訓法では、「憲法」の「憲」を「いつくしき」と訓んでいる（家永三郎ほか校注『日本思想大系2　聖徳太子集』岩波書店、一九七五年。以下、「憲法十七条」の本文・訓読は、同書に基づく）。貴く厳正なおきてを意味する漢字熟語である。明治初期には「国憲」などの訳語も constitution にはあてられていたが、やがて「憲法」が一般的になったことが、聖徳太子の人気をまず上昇させた側面はあるだろう。

だが、憲法十七条の第一条の文句「和を以て貴しと為《す》」（以和為貴）を根拠にして、その「和」の思想への注目が一気に高まったのは、一九三〇年代になってからのことであった。とりわけ、天皇機関説事件ののちに政府が進めた國體明徴《めいちょう》運動をうけて文部省が刊行した『國體の本義』(一九三七年)が、「和の精神」を日本思想の伝統の根本に位置づけ、その具体例として憲法十七条を挙げたことが大きな役割をはたした。石井の論文によれば、それ以後、国定教科書にも聖徳太子の「和」が登場するようになり、終戦による教育方針の変化をへたのちも、今度は平和のシンボルに用いられて、現在に至っているのである。

†誰のための「憲法」か

『日本書紀』推古天皇十二年条(六〇四年)では、聖徳太子がみずから「憲法十七条を作る」と記され、そのあとに条文の引用が並んでいる。ここに見える「憲法」は、厳密に言えば西洋思想の constitution とは全く異なるものである。統治者と被治者とがともに従うルールが constitution であり、とりわけ近代の政治思想においては、支配・被支配の関係を基礎づける根拠としてこのルールが存在すると考えられる。

したがって、constitution に基づいて設立された政府の定めた制定法とは、重みがまったく異なるのであり、憲「法」、民「法」、刑「法」と、すべてが同列の「法」であるかのような錯覚を呼んでしまう「憲法」の訳語は、そもそも問題を含んでいると言える。「日本には近代憲法のずっと前に、すでに憲法十七条があった」という自己賛美の議論を読んだ記憶があるが、まったく当を得ていない。

では「憲法十七条」はいかなる意味での「法」であるのか。そのためには、この「法」——古訓では「のり」——が、誰を規律するものとして定められているのかを確認する必要があるだろう。第三条の冒頭は「詔を承《うけたまわ》りては必ず謹め」である。そこでは「君をば則ち天とす。臣をば則ち地とす」と、「臣」が日常の統治活動にあたって、天皇の命令を重く尊重しながら実行することを求めている。さらに第四条は、「群卿百寮、礼を以て本と為《せ》よ」と始まり、「群卿百寮」が民を治めるさいには、儀式・作法のルールとしての「礼」を普及させることが重要だと述べたものである。「群卿百寮」は「臣」を詳しく言い換えたものと考えられる。

大津透『天皇の歴史01　神話から歴史へ』（講談社、二〇一〇年。のち講談社学術文庫、二〇一七年）によれば、当時に作られていた政治制度は、大和およびその周辺の上流豪族たちが「大夫《まえつきみ》」として合議体を作り、天皇（大王《おおきみ》）を支えるというものであった。したがって第四条の「群卿」はこうした大夫たち、「百寮」は朝廷の実務を分担する中下級の氏族を指すと考えられるという。

こうした「群卿百寮」が、それぞれの地位・職掌に厳密に従って業務を行ない、民の統治にあたること。そうした服務規律をまず提示するのが、「憲法十七条」のねらいなのである。のちの歴史を考慮に入れて解するなら、中国風の律令に基づいて実務を担当する官僚としてのモラルを、豪族たちに身につけさせるための「憲法」だったと言える。

官僚あるいは組織人のモラルとしてみると、いまでもうなずけるような文句が、「憲法十七条」には散見される。第六条は「悪しきを懲《こら》し善きを勧むる」ことを説いているが、その議論は善悪の基準をないがしろにして仕事に臨むことをきびしく戒める方へむかう。「佞《かだ》み媚ぶる者は、上に対《むか》ひては則ち好みて下の過《あやまち》を説く。下に逢ひては則ち上の失を誹《そ》謗《し》る」。これを「大なる乱の本」と強く批判しているが、上役に対して弁解するときは部下のせいにして自分の地位を保とうとし、部下に対しては上役の意向だからと言って、うわべだけ嘆いてみせるような人物は、現代にもよく見かけるだろう。

†「以和為貴」とは何か

統治にあたる官僚に求められるのは、まずこのように日常業務を遂行するための立派なモラルを身につけることである。第七条では「賢哲《さかしひと》」が統治にあたることで天下は治まるという、儒学風の考えが述べられている。だが「憲法十七条」の全体においては、そうした世俗的な「賢哲」であるだけでは、統治者として十分ではない。第十四条は「其れ賢《さか》しき聖を得ずば、何を以てか国を治めむ」と結ばれている。仮に「賢哲」を日常業務の運営能力に関する立派さととらえ、「賢聖」をそれよりも高次な資質と読むならば、日常的な賢さ・立派さをこえて、「聖」なる人格たることを、聖徳太子は豪族たちに求めたのである。

「聖」たることを支えるのは何か。究極的にはそれは仏の教えだと聖徳太子は考えたのであろう。第二条が「篤く三宝を敬ふ。三宝は仏・法・僧なり」と、仏の「法」(教え)が人間の根本の教えであると提示しているところに、それがよく表われている。「和を以て貴しと為《す》」と始まる第一条の冒頭の文句について、先に引いた石井公成の論文は、儒学と仏教の双方の文献からの引用でできていることに注目している。そして、儒学や老荘思想の学者にも仏教の影響が広がった、隋王朝の時代の思想の動向を反映したものだと指摘する。統治者のモラルが、仏の教えによって裏打ちされることで、初めて真正なものとなる。

そのことを聖徳太子はめざしたのであろう。

「和を以て貴しと為《す》」と冒頭に掲げているとは言っても、ここで言う「和」はよく誤解されるように他人の気持ちを忖度して、それに逆らわないよう調子を合わせることを意味するのではない。第十条は怒りの感情を抑えることを述べているが、そこで抑制の対象になっているのは、「人の違《たが》ふを怒る」こと、すなわち自分の価値観に固執し、相手の意見をたちまちに誤りと断じて拒絶する態度である。これに対して仏教の用語を使って、誰もが「共に是れ凡夫のみ」と聖徳太子は告げる。誰もが多かれ少なかれ愚かさを抱えているのだから、他人からの批判には謙虚に耳を傾け、みずからの意見を他人による検討にさらしてゆく。そうした緊張関係を内に含んだ「和」が求められているのであろう。

したがって最後の第十七条に登場するのは、討論に基づく政治である。「夫れ事、独《ひと》り断《さだ》むべからず。必ず衆《もろもろ》と論《あげつら》ふべし」。ささいな事柄はともかくとして、重大な問題については必ず集団で討論し、そこで定まった「理」を共通の方針にしなくてはいけない。これは先にふれたように、当時の朝廷が豪族たちの会議によって政治を運営したことを反映した「法」ではあろう。しかし同時にまた、政治と学問における相互批判の営みを意味づけるものとして、重要なメッセージを発しているようでもある。

（坂本太郎ほか校注『日本書紀』第四冊、岩波文庫、一九九五）

3 『日本霊異記』——不思議な道理との出会い

†最初の仏教説話集

薬師寺に属する僧であった景戒《きょうかい》が撰述した『日本霊異記《にほんりょうい》』（正式な書名は『日本国現報善悪霊異記』）は、弘仁年間（八一〇年〜八二四年）に成立したと考えられており、景戒の経歴については、この本の末尾近くに収められた説話にその人の自伝風の回想が見えるほかに、伝記資料はほとんどない。

日本ではこのあとの時代に、『今昔物語集』に代表されるような仏教説話集が数多く編纂されることになるが、これはその嚆矢《こうし》をなす書物である。その意味で、日本に生きる人々が仏教に触れたときに感じた動揺や、その信仰へと人々を導いた基礎にある、憧れの心情を知るための手がかりとして、重要なテクストと言えるだろう。漢文で書かれた書物であるが、以下、引用は小泉道《おさむ》校注『新潮日本古典集成 日本霊異記』(新潮社、一九八四年)の訓読文による。

もちろん欽明天皇の治世とされる仏教の伝来から二百年がすぎ、すでに神宮寺の形で神仏習合の信仰が確立した時代に書かれた書物であるから、仏教との出会いによる衝撃をそのまま表わしていると見ることはできない。だが、民間で語り伝えられた具体的な説話として、その原初の感覚を残していると考えてもいいだろう。

『日本霊異記』に収められた説話はしばしば、その事件がどの天皇の治世における出来事であったかを冒頭に明示する形で記されている。その時代は五世紀後半の雄略天皇から、景戒の同時代、嵯峨天皇まで年代順に並べられており、日本仏教通史のような形をとっている。そして天皇の治世を記すのは、時間軸の上でのその事件の位置を示すためだけではない。日本における仏教の普及を、天皇と深く関係づける思考がそこには働いている。

とりわけ景戒が重視するのは、上中下の三巻のうち中巻の序で「戒を受け善を修《しゅ》し、正《しょう》をもちて民を治めたまひき」と、仏教に基づく統治を本格的に行なったと礼賛する、聖武天皇である。聖武天皇の時代の説話が中巻の全体を占めており、この天皇に対する評価がとりわけ高いことを示す。そして、下巻の末尾は仏教の慈悲の理想に基づいて、死刑を行なわなかった嵯峨天皇を「聖君」として讃える文句でしめくくられている。その語るところによれば、聖武天皇の治世において修行した僧、寂仙の生まれ変わりが、嵯峨天皇にはかならない。

さらに景戒は、嵯峨天皇の治世には「旱厲《かんれい》」すなわち日照りや疫病が起こったから、決して優れた君主とは言えないという批判に対して反論を試みる。この批判に示されているのは、君主がみずから徳を実践することを怠れば、天がそれに反応して禍を起こすという、儒学に由来する発想であろう。景戒は同じ発想を前提としながらこう答える。

この儀しからず。食《を》す国の内の物は、みな国皇の物にして、針を指すばかりの末だに、私《わたくし》の物かつてなし。国皇の自在の随《まにまに》の儀なり。百姓《おおみたから》といへどもあへて誹《そし》らむや。また、聖君堯舜の世すら、なほし旱厲あるがゆゑに、誹るべからぬことなり。(前掲『新潮日本古典集成 日本霊異記』三一三頁)

儒学で理想の君主とされている堯・舜の時代にも「旱厲」はあったのだから、「聖君」であることを否定する根拠にはならない。そして、天皇が支配するこの「日本国」の物はすべて天皇の所有物であり、天皇がすぐれた仏教者であれば、その徳の輝きは国土のすみずみまで、全体を覆っているはずである。——このように、仏教の信仰によって天皇の地位を新たに説明し直すことが、『日本霊異記』のねらいの一つであったことは間違いないだろう。天皇親政による安定した政治体制のもとで、宮中行事の改革が行なわれ、詩文が栄えた嵯峨朝時代の気風も、そこには反映されているはずである。

✝天皇と雷神

しかし、世界を窮極のところで支配する仏教の道と、歴史上の天皇たち、また天皇の権威の根拠であった日本の神々との関係は、『日本霊異記』の説話の全体においては、まだそれほど安定していない。書物本文の冒頭、上巻の第一縁《えに》として掲げられた説話「雷《いかづち》を捉ふる縁」が、そのことを示している。

雄略天皇がある日、宮中で后と「婚合《ながい》」していたところに、側近である少師部《ちいさこべ》の栖軽《すがる》が突然にやってきた。そこで天皇は「恥ぢ」て行為をやめたが、そのとき雷が鳴ったので、雷を捉えてこちらへお迎えせよと命じた。栖軽は馬に乗って遠くまで行き、「鳴神《なるかみ》」が落ちて地面にいるのを発見する。雷神もまた天皇に従うものだと栖軽は語りかけながら、宮中へと連れてゆく。ところがそこで雷がまた光を放ったのを「天皇見て恐りたまひ」、供え物を捧げて、もとの落ちた場所へと帰させた。

ここで描かれる天皇の姿は、神々との紐帯をしっかりと保ち、日本国のすべての物を支配下においているという、古代において理想とされたあり方からかけ離れている。天皇が「恥ぢ」たことについて、伊藤由希子『仏と天皇と「日本国」――『日本霊異記』を読む』（ぺりかん社、二〇一三年）は、天皇の権威のゆらぎを雄略天皇が自覚していたことを読み取っている。この天皇は、天皇としてふさわしい行動をとっているかどうかについて、臣下の視線を気にしている。そして、雷神がどういうものなのかも知らずに、栖軽に雷を捉えるよう命じてその場から追い払ったが、雷神の力を目のあたりにしたとたん、「恐」れるしかなかったのである。そのことは、雷神とはどういう存在なのか、すでにわからなくなっており、しかもそれに対処する勇気も天皇が失なっていることを示しているだろう。

また、修験道の開祖とされる呪術師、役小角《えんのおづぬ》（「役優婆塞《えのうばそく》」）の活躍を語る、上巻第二十八縁も興味ぶかい。役小角は篤く仏教を信仰し、修行に努めた結果、雲に乗って飛び回り、「諸《もろもろ》の鬼神」を自由に操る術を身につけた。そして葛木山の山頂に橋を掛け渡そうとしたので、その山の神である「一語主《ひとことぬし》の大神」が、中止させようとして文武天皇に訴えたが、天皇も役小角を捉えることができない。

この物語の最後では、天皇が「垂慈の音《こえ》」を示すことで、役小角も従うことになるのだが、神々への祈りを通じて災厄を止めさせる力をもつはずの天皇も、葛城山を支配する神も、その力はすでに仏教の優れた修行者よりも劣ることが露わになっている。しかも問題を解決できたのは、仏の慈悲を思わせる態度を天皇が示したからである。聖武天皇から嵯峨天皇の時代へと至る歴史のなかで、天皇が新たに仏教の信仰に基づいて権威を再構築してゆく過程が、『日本霊異記』の底流に流れる歴史なのだろう。

†牛に生まれ変わった父親

こうした仏教の日本社会への浸透は、もちろん一方では、欽明天皇や聖徳太子をはじめとする、王族たちによって推進されたものである。しかし『日本霊異記』が伝える物語が示すのは、むしろ在地の豪族たちや無名の庶民が、さまざまな不思議に出会い、仏教の因果応報の道理を理解してゆく過程である。とりわけよく登場するのは、律令国家が創建した官寺に属さない独立の修行者、自度僧であり、こうした自度僧を迫害した人物が、その悪業の報いを受けるという話が多い。景戒もまた、かつては「俗家に居て、妻子《めこ》を蓄《たくは》ふ」と回想しており、自度僧としての生活を長らく送ったと推測されている。そうした無名の人々の仏教への信仰のありさまを、身近に見聞きした経験からまとめられた作品なのである。

たとえば、上巻第十縁「子の物を偸《ぬす》み用ゐ、牛となりて役《つか》はれて異《あや》しき表《しるし》を示す縁」を見てみよう。大和国の山中に暮らす豪族の男が、自分の子供が収穫した稲から、十束《つか》（米五十升にあたる）をこっそりと盗んで他人に与えた。この悪業によって、男は死後に牛に生まれ変わり、成長した息子にこき使われることで、その罪を償う運命となったのである。放浪しながら修行する僧、おそらくはやはり自度僧がその家を訪れ、牛の語る声を聞き取ることを通じて、家族も牛が父の化身であることに気づき、稲を盗んだ罪を許すことになる。そして和解がなり罪が消滅したことで、牛は涙を流し、安堵の大きな息をついて、まもなく死んだのであった。

自分の子供の財物を盗んだ親が、罰を受けて牛に生まれ変わるという物語は、ほかにも母子のエピソードとして収められており、財産や家族に関する古代人の考え方を知る上でも興味ぶかい。このような在地の豪族の家は、集団で土地を耕作したり漁業に従事したりして、財物を蓄えていたと考えられるが、近世の百姓・町人に見られるような、イエの財産という観念はまだない。財産は同一の氏族に属する個人がそれぞれに保有するものとして分割されている。子供の財物を盗むことが重い罪の例として登場するのは、それが深刻な倫理違反と考えられていたことを示すだろう。

またこの物語のなかで、牛が実は父親の生まれ変わりだとわかったとたん、家族一同は「まことにわが父なりけり」と言って泣く。しかしその直後の動作は「すなはち起《た》ちて礼拝して」罪を許そうと牛（父）に語りかけるというものであった。この涙には、罰を受けた父の苦しみを思いやる気持ちもまた、働いていることだろう。だが、すぐに立って礼拝するという動作から強く感じられるのは、父親に対する愛情や畏敬ではなく、因果応報の道理をまざまざと目撃したことによる感銘と、仏教への信仰の深まりである。牛がすぐ死んだことについても、家族は悲しむようすを見せない。

日常的な家族の関係も、土地と結びついた神々の信仰も超えるような、絶対的で不思議な道理に対する帰依を、人々はこの時代に経験した。そうした道理の働きを、具体的な事実のなかから書き留めること。景戒にとっては、その著述を後世に伝える行為がまた、天皇を中心とした「日本国」の持続を保障するものだったのだろう。

（小泉道校注『新潮日本古典集成 日本霊異記』新潮社、一九八四）

4　慈圓『愚管抄』
――歴史と現在を貫く「道理」

†幻の歴史書

鎌倉時代に慈圓《じえん》（久寿二・一一五五年～嘉禄元・一二二五年）が書いた歴史書『愚管抄』は、南北朝時代に成立した北畠親房『神皇正統記』と並んで、中世日本の歴史思想を示す古典の代表とされている。だが書物としては長いあいだ、広い範囲の人の目にふれることがなかった。

大隅和雄『愚管抄を読む――中世日本の歴史観』（一九八六年初刊、講談社学術文庫、一九九九年）によれば、その存在は早くから知られていたものの、京都の九条家につながる人々にのみ読まれる書物だったという。十二世紀のなかばに三十七年にわたって摂政・関白を務めた藤原忠通《ただみち》の息子として慈圓は生まれた。九条家の始祖であり、京都の朝廷と鎌倉幕府との関係をつなぐ存在として重要な役割をはたした九条兼実《かねざね》も、またその同母兄である。

この書物が注目されるようになったのは、徳川時代の後半になって学者の歴史への関心が高まってからであるが、本当に慈圓の著書であるかどうか、疑問を抱く見解も根強かった。それが著書として確定したのは、ようやく一九二〇（大正九）年、三浦周行《ひろゆき》による関連書簡の発掘・研究を通じてであった。執筆の時期についても、慈圓は比叡山延暦寺に僧として暮らし、天台座主《ざす》という教団の頂点の地位にまで昇った人物であるから、承久の乱（承久三・一二二一年）の前後どちらの時期に書いたと考えるかによって、叙述の理解も変わってくる。これもしばらく論争の種となっていたが、いまは乱の前、承久元年もしくは二年に書きあげられたという理解が確定している。

つまりそれだけ、長いあいだ読まれざる古典であった。写本ではない印刷された刊本になったのも、『改定史籍集覧』（一九〇〇年）に収められたのが最初である。現在は、岡見正雄・赤松俊秀校注『日本古典文学大系86　愚管抄』（岩波書店、一九六七年）によって読むことができる。入手しやすい現代語訳として、大隅和雄訳『愚管抄 全現代語訳』（講談社学術文庫、二〇一二年）もある。

慈圓自身は、みずからが想定する読者について、この書物のなかでどう語っているだろうか。『愚管抄』は全七巻で、神武天皇の時代から慈圓の同時代にまで至る日本の通史を記した作品であるが、独特の三部構成をとっている。第一・二巻は、日本の天皇歴代の簡単な年代記。「唐土」(チャイナ)の各王朝に関する記述もあり、従来からあった年代記の形式にあわせて、あとで執筆し追加したものと考えられている。実際に慈圓自身の歴史叙述を展開する、いわば本文にあたるのは、第三巻から第六巻まで。そして最後の第七巻で歴史の全体をふりかえり、そのなかに働いている「道理」と、王朝が今後とるべき政策方針を論じている。こうした構成にも、いかなる読者にむけて、何のために書くのかという意識が反映されていると言えるだろう。

第七巻の冒頭では、チャイナの古典や日本の六国史にはじまるさまざまな歴史の古典を挙げ、それをきちんと学び、そこにこめられた「義理」(正しい道理)を理解する者が、学問を伝える「ソノ家ニムマレタルモノ」(前掲『日本古典文学大系86』三二〇頁。以下、引用はこの校注本による)のあいだですら少なくなっていると嘆いている。物知りのふりをしながら、実は古典をろくに読んでいない「イミジガホナラン学生《がくしょう》タチ」にむけ、仮名書きのわかりやすい和文によって「道理」がはっきりとわかるように工夫したのだ。そう慈圓は宣言している。

この当時、古典の学問の担い手は、朝廷の政治をとりしきる公家たちであり、その身分と役職は世襲（「家」）によって決まっている。立派なイエに生まれ育った「学生タチ」、すなわち学問と政治の両方をやがて担う次の世代の人々に、時代の移り変わりと、その上で現在にとるべき方策について、長い歴史のなかに位置づけて理解しておいてほしい。そうした願いが、『愚管抄』の執筆へと慈圓をうながしたのであった。

†「道理」のペシミズム？

慈圓がここで語ろうとする「道理」とはいかなるものか。先にふれた箇所では「世中《よのなか》ノ道理ノ次第ニツクリカヘラレテ、世ヲマモル、人ヲマモル事」と語っている。ある一定の「道理」がそれぞれの状況に応じた形で実践されることを通じて、一国の秩序は支えられ、そこに生きる人々の生命も守られる。「道理」という概念が仏教に由来するものなのかどうか、仏教だとしてもどのような思想潮流に基づくのかといった議論は脇におくとして、この後半については、一つの原理に基づいた政治規範と人の倫理を指摘する言説として、珍しい発想ではないだろう。

しかし問題は、この「道理」が歴史のなかで時代によって変化するものだと述べられることである。それぞれの時代にはその当時の世にふさわしい「道理」があり、その内容は時代によって変わってゆく。そしてその「道理」の変化を導く、言わば大きな「道理」がその根柢に働いているのだ。――この「道理」の重層構造と時代による変化について、慈圓は『愚管抄』第七巻で略述を試みている。

歴史のはじめ、神武天皇からしばらくのあいだは、「冥顕和合《みようけん》」して、「道理」がそのまま「道理」として実現する時代が続いていた。ここで「冥」とは、目に見えない働きによって人間の世界に介入し、「道理」の通りに動かそうとする神仏の活動を指し、「顕」とは人間の生き方を意味する。つまり歴史のはじめには、人間がみずからの知恵によって秩序を営むようすが、そのまま神仏の意図に沿った「道理」と一致していたのであった。

そしてその後の歴史は、この幸福な一致が破れ、しだいに人間が矮小化して、自力では「道理」を見いだすことができないようになる過程として描かれる。現代の呼び方で言えば、摂関政治の時代、院政の成立、保元の乱、鎌倉幕府の登場といった時代の画期に応じて、各時代の「道理」は変容する。さらにその時代の変化を支える大きな「道理」は、「日本国ノ世ノハジメヨリ次第ニ王臣ノ器量果報ヲトロヘユクニシタガイテ、カヽル道理ヲツクリカヘ〳〵シテ世ノ中ハスグルナリ」(三二六頁)というものである。つまり、「冥顕」のあいだの距離は時代が下るにつれて広がってゆき、人間の知恵は神仏の意図をまったく理解できなくなる。その結果、天皇もそれに仕える公家や武家も、「器量」の小さな人材しか現われなくなってしまった。

この大きな「道理」の姿に着目するかぎり、慈圓の歴史観は徹底したペシミズムである。かつて「日本精神」の立場に立つ中世史家、平泉澄《きよし》は著書『中世に於ける精神生活』（一九二六年）のなかで、当時の公家たちを支配した精神状況は、徹底した「闇黒の世界」にほかならないと指摘した。古代国家にあった力を王朝が失ない、戦乱や疫病によって混乱する世の中で、公家たちは政治への意欲をなくし、怨霊や「物の怪」の跋扈を恐れ、下降史観を唱える仏教の末法思想に支配されるようになった。その一例として『愚管抄』をとりあげ、当時の道徳的頽廃を表わす著作と位置づけたのである。

慈圓がこの大きな「道理」について考察を深めるとき、その基礎に仏教の末法思想があるのは、確かなことであった。またそれは、慈圓自身の人生経験からしても重い実感を伴うものであったと思われる。保元元（一一五六）年に始まった保元の乱を、慈圓は大きな歴史の画期として位置づけている。ここで日本史上初めて、「王・臣」が入り乱れて二つの勢力に分裂し、「ミヤコノ内」で戦乱を起こすという事件が生じた。それ以降、「日本国の乱逆《らんげき》」の時代が始まって、武家政権すなわち「ムサノ世」も登場したのである（二〇六〜二〇七頁）。

乱の勃発は慈圓の生まれた翌年のことであり、その祖父・父・叔父が当事者として関わっている。『愚管抄』第三巻から第六巻までの本論部分の後半を、この保元の乱以降に関する叙述が占めていることからも、慈圓がみずからの同時代を、戦乱のあいつぐ衰えた世として深刻に憂えているのは明らかであろう。

†希望の政治にむけて

しかし慈圓の発想は、衰えた時代なのだから何をやっても無駄だとするニヒリズムにはむかわない。先に引いた「次第ニ王臣ノ器量果報ヲトロヘユク」という指摘の直後で慈圓は、「カクハアレド」たとえば「諸仏菩薩ノ利生方便《りしょうほうべん》」といった働きも「一定《いちじょう》マタアルナリ」と議論を続ける。いかに衰えた時代にあっても、人間が知恵を働かせて「道理」のありさまを見通し、適切な政治を行なえば、神仏の「冥」の働きもそれに応じて恵みをもたらすのである。

そして実は、『愚管抄』が時代の変化をこえる大きな「道理」として提示するのは、世が衰えてゆくという法則だけではない。王朝交替のあいつぐチャイナとは異なって、日本には「君ハ臣ヲタテ、臣ハ君ヲタツルコトハリ」(三四七頁)がしっかりと継続している。天皇と臣下とがおたがいの序列と職掌を守りながら、秩序を運営するという規範であり、それが「王胤《おういん》」が神武天皇の子孫以外には移らないことを支えてきた。摂関家としての藤原氏の地位もまた、その祖先神と天照大神との約束によって支えられ、永続すべきものである。

　天皇家と摂関家とがこの国をしっかりと支えている。保元の乱以降の歴史について、慈圓が目撃者の聞き書きや自己の見聞もまじえながら、詳細に語るのは、そのことを九条家などの子孫に伝え、歴史の先例に学ぶよう教えさとす目的を持っていたと思われる。そして武家政権の成立という大事件も、決して嘆くべきでないと説いた。慈圓によれば、源頼朝は「朝家ノタメ、君ノ御事ヲ私ナク身ニカヘテ思候」（二七七頁）とみずから語った、「朝家ノタカラ」と言うべき武家の逸材である。

　院政に対する慈圓の評価は徹底して低いが、それとは反対に、鎌倉の将軍家が天皇に仕え、統治の職務を分担する体制は、天皇と摂関家による統治体制を補完するものとして、慈圓にとって評価すべきものであった。もちろん公家の全盛期から「ムサノ世」に変わってしまった現実を、嘆く心理もその心の内には働いていただろう。しかしその現実をふまえながら、現時点においてふさわしい「道理」を実践しようとする意識が、将軍家の存在の正当化という試みを可能にしたのであった。

（岡見正雄・赤松俊秀校注『日本古典文学大系86　愚管抄』岩波書店、一九六七）

＊本書では時代をこえた地域名としてのChinaについては「チャイナ」と表記する。「中国」の名称に関する、「シナ人がじぶんの国を天下の中央の最もすぐれた国として、誇っていう称、したがって、われわれ外国人の立場の人がシナを中国というのは、大義名分上、おかしい」（長澤規矩也編『明解漢和辞典』新版、三省堂、一九六九年。手元にある一九九七年の第百七十三刷でもこの記述は同じである）という指摘に従った判断である。「支那」「シナ」の語が使われなくなったのは、一九四六（昭和二十一）年六月十三日の外務次官通達「支那の呼称を避けることに関する件」に基づくが、これは当時日本を占領していた連合国の一員である中華民国の要求に従ったものであり、占領の終了後にも踏襲する必要はない。また、アメリカ等にはZhongguoと呼ぶように求めず、戦敗国に対してのみ要求するのは、不公平な懲罰措置と言うべきだろう。しかし、「支那」「シナ」が差別語であるという誤解が定着してしまった今日、それを使うのはやはり不適切であると考え、「チャイナ」を選択した。

5 親鸞・唯圓『歎異抄』
——「誓願」へのまなざし

†吉本隆明と親鸞

吉本隆明の『最後の親鸞』（一九七六年初刊。ちくま学芸文庫、二〇〇二年）は、この思想家が日本の古典にとりくんだ仕事のうちの代表作である。親鸞（承安三・一一七三年〜弘長二・一二六二年）の著作である『教行信証《きょうぎょうしんしょう》』や、和讃・書簡も史料として用いて書いた作品であるが、その思想の骨格部分を知る手がかりとして引用する書物としては、やはり『歎異抄』が大きな位置を占めている。親鸞の弟子である唯圓がその晩年に、かつて直接にきいた親鸞の言葉を書きとめた著作であり、親鸞が晩年に至った思想の境地を語るものとして、広く読まれている。

経典を解釈する学問によって悟りに至ろうとすることを「聖道門《しょうどう》」としてしりぞけ、文字のよみかきすらできない「一文不通」の庶民にむけた念仏の教え、すなわち「浄土門」こそが、人が没後の来世において悟りを開き、仏になるための優れた教えである。そうした親鸞の主張が、知識人による認識の限界を説き、大衆の実感の世界にぎりぎりまで近づくことを唱えた吉本の姿勢と共鳴したことは、簡単に見てとれる。だがそれにとどまらず、さまざまな角度から親鸞の思想の中核へと迫ろうとする仕事として、興味ぶかいところがいくつもある。

たとえば目次では二番目に収録された「和讃――親鸞和讃の特異性」という論考。そのなかで吉本は、一遍など時宗系の和讃と親鸞のそれとを対比して論じている。たとえば一遍による「別願讃」はこうである（引用は吉本の記載による）。「身を観ずればみづのあわ／きえぬるのちはひともなし／いのちをおもへばつきのかげ／いでいるいきにぞとゞまらぬ」。この現世においては、転生によって短い人生をくりかえすだけで、この身も水の泡のように消えてしまう。これを吉本は「感性的にいっても手法的にいっても、今様の世界にきわめて近似している」と指摘する。そして生のはかなさを嘆き、「一足とびに」死を通じて浄土への往生を願う思いがそこに充満していると解して、「そこだけとりだしてみれば、異様な〈死のう〉集団の発生とみてもよかった」と評するのである。

これに対して親鸞の和讃は、感性的な「あはれ」「はかなさ」「ほのか」によって現世をとらえる試みを拒否している。その言葉は徹底して硬く、「おおよそ他者を寄せつけないような簡潔できびしい格調」をもっていると吉本は指摘する。「浄土真宗に帰すれども／真実の心はありがたし／虚仮《こけ》不実のわが身にて／清浄《しょうじょう》の心もさらになし」（「愚禿《ぐとく》悲歎述懐」）。「あはれ」「はかなさ」の情調によって現実の人生をまとめあげ、ユートピアとしての浄土へと死に急ぐ姿勢を、親鸞は拒否した。重要なのはこの我が身の欲望と卑小さであり、その現実を見つめ、進んで引き受けることこそが、阿弥陀如来のはからいを通じて来世で仏になる道につながるのである。

この論考の初出は一九七五（昭和五十）年である。当時は新左翼党派どうしが内ゲバによる殺戮を繰り返し、爆弾によるテロも頻発していた。一九三〇年代に公衆の前で割腹を繰り返した「死のう団」をひきあいに出しながら、新左翼党派の激しいユートピア願望と、その手段としての死の美化と同じものが、時宗系の和讃にはあったと指摘したのである。彼らは、現実の社会を超えようとするラディカルさを標榜しながら、ユートピアの性急な実現に憧れ、その手段となるべき死に自他をまきこもうとする。これを吉本は一種の現実逃避ととらえた。来世へとつき進む性急さをしりぞけ、正面から現実にむきあう姿勢を保ったまま、同時に現実を超える思考方法を、親鸞に見いだしたのだろう。和讃の文体からそうした差異をよみとるところは、いかにも詩人として出発した思想家らしい洞察である。

†『歎異抄』のレトリック

『歎異抄』は、正応元（一二八八）年ごろに成立したと考えられているが、広く読まれるようになったのは、十五世紀の後半に蓮如が筆写してからである。蓮如による写本より前の写本や原本は見つかっていない。佐藤正英は蓮如本には重大な錯簡があり、テクストの前半と後半が入れ替わっていることを指摘し、『歎異抄論註』（青土社、一九八九年）や『〈定本〉歎異抄』（同、二〇〇六年）でテクストの再構成を提案した。その見解によれば、念仏の信仰者が陥りがちな誤りをとりあげ、それを批判する「異義条々」全八条と、親鸞ののこした言葉から重要なものを選んだ「歎異抄」全十条の二部構成になっているのである（以下、引用は『〈定本〉歎異抄』による）。

吉本が指摘した、親鸞の言葉がもつ簡潔な力強さは、『歎異抄』でも生き生きと働いている。それに加えて、一見すると矛盾するような主張が同居していることも、聖典としての魅力を支えているのだろう。

たとえば「異義条々」の第四条は、念仏を唱えれば自分の罪業がたちまちに消えるという教説を、「聖道門」と同じような、「自力《じりき》」を通じた解脱《げだつ》のすすめとして批判したものである。親鸞の考えでは、みずからの身にしみついた煩悩や罪障は、前世での行ないによってすでに決まっている。欲望にまみれた人間であるからこそ、そうした人々を浄土での悟りに導こうとしたのが、阿弥陀如来の本来の誓願にほかならない。その誓願を信じ、それに感謝して南無阿弥陀仏を唱える、すなわち「念仏のまうさるる」(「異義条々」第一条)——この「まうさるる」は、そのつもりがなくても自然に唱えてしまうというニュアンスである——のも、阿弥陀の「御はからひ」によるものなのである。

したがって、いま生きている現世での一生のあいだに、みずから意図して念仏を唱えれば、そこで成仏できるという考えは、親鸞に言わせれば二重に間違っている。それは、「他力《たりき》の信心」を忘れ、「自力」によって罪業《ざいごう》を消そうとするむなしい試みであり、来世において罪業を消し仏になることを可能にしてくれる、阿弥陀の誓願に逆らうふるまいなのだから。人間はこの現世では、「一生のあひだまうすところの念仏はみなことごとく如来大悲の恩を報じ、徳を謝すとおもふべきなり」。とにかく生きているあいだはずっと、念仏を唱え続け、阿弥陀に感謝していればそれでいい。

だが同じ第四条では続いて、人々をいっさい見捨てることがない阿弥陀如来の誓願を信頼してさえいれば、「いかなる不思議ありて罪業ををかし、念仏まうさずしてをはるとも、すみやかに往生をとぐべし」とも語っている。自分は場合によっては、罪を犯すこともあるかもしれないし、一生のあいだ念仏を唱えずに死ぬかもしれない。それは「不思議」なきっかけによるものであって、予測することも原因を理解することもできない。それでも、阿弥陀の誓願を信じているなら、それだけで来世で救い取られるきっかけになる。

親鸞が言っているのは、とにかく阿弥陀の誓願、人々を光明のなかにからめとって捨てない「摂取不捨の願」を信じよということである。しかし、念仏を一生唱えよと言ったあとに、念仏を唱えなくてもいいと発言しているのは、いったいどういうことか。五來重は『鑑賞 歎異抄』(東方出版、一九九一年)のなかで、親鸞を「すばらしいレトリックの達人」と評している。自分の説教を聞いている人をいったん突き放し、戸惑わせた上で、いっそう頼もしがらせるような論法の使い手だというのである。

この第四条の例でも、鍵は「不思議」というところにある。念仏を唱え続けるのがまっとうな「他力」の信仰の方法だということは、「浄土門」に帰依した信仰者なら、誰でも知っている。しかし考えてみれば、誰もが多かれ少なかれ罪業にまみれ、欲望を切り離せない存在ではないか。その度合いは前世の行ないで決まっていることであり、いまの自分にとっては理解不可能な「不思議」である。そうであるなら、同様に「不思議」なきっかけで、念仏を唱えない人生を送ることにもなるかもしれない。しかしそういう人も救いとろうとするのが、阿弥陀仏の「不思議」な——「誓願不思議」と親鸞は表現する——「御はからひ」なのである。読者はこのように考えをめぐらせることを通じて、親鸞の言葉の奥へと誘われてゆく。そうした言葉づかいの妙技が、『歎異抄』という著作の魅力を支えている。

†「弟子一人ももたずさふらふ」

小山聡子『浄土真宗とは何か』（中公新書、二〇一七年）が指摘するように、親鸞の思想、特に『歎異抄』は、近代になってから浄土真宗の外でも広く評価されるようになった。そして家永三郎の親鸞研究や、丸山眞男の政治思想史講義に見られるように、キリスト教のプロテスタントの教説との類似が、極度に強調される傾向も生まれた。吉本隆明もまた、新約聖書に見えるイエスの教えとの共通性に言及している。こうした理解が、多かれ少なかれ「近代」流の偏向を含んでおり、鎌倉時代に生きた親鸞その人の思想のうちで、特定の部分を強調していることは否定できないだろう。

だが『歎異抄』に見える思想には、集団や地域社会で共有される一体感を突き抜け、普遍性へ至ろうとする志向がたしかにある。「異義条々」の第二条で親鸞は、自力によってさまざまな修行をし、悟りに到達しようとする「聖道門」をきびしく批判しながらも、そうした他の宗派から攻撃を受けても、それを憎んで反撃することがあってはならないと説いている。

だがそれは、異説をしつこく攻撃しないという次元での、通常の寛容のすすめではない。親鸞によれば「ひとありてそしるにて、仏説まことなりけりとしられさふらふ」。自説の真偽をめぐって他人と激しく争うのも、また煩悩の表われである。他人からの批判にさらされ、それにどうしても怒りを感じてしまうみずからを自覚する。そして、そうした卑小な己れの存在を支える、阿弥陀の「御はからひ」が真実であることを、さらに深く信じるようになるのである。

阿弥陀の誓願は「ひとへに親鸞一人がためなりけり」(「歎異抄」序)という言葉に表われているように、親鸞の視線は、念仏を唱える一人一人の信仰者の内面へとむかってゆく。それぞれの個人がじかに阿弥陀の「御はからひ」に思いをむけ、その「不思議」にふれあうことが信仰の本質なのである。したがって人々が念仏を唱えるのは、本来は阿弥陀の「御もよほし」によるものであって、親鸞の教えのゆえではない。「親鸞は弟子一人《いちにん》ももたずさふらふ」(「歎異抄」第六条)。通常の教団の論理をこえ、一人一人の個人と、そのすべてを救済する阿弥陀とのかかわりにのみ思考を集中すること。そうした独特の論理が、開かれた思想の可能性を指し示している。

(佐藤正英校注・訳『〈定本〉歎異抄』青土社、二〇〇六)

6 日蓮『立正安国論』——世界へ広がる視野

†「世界史の起点」と日蓮

現代はグローバライゼーションの時代と言われる。この言葉は一九八〇年代なかばからしだいに登場し、とりわけ九〇年代なかば以降に使われているものらしい。冷戦の終了後の国際社会で、国境をこえる人・物資・金・情報の移動がかつてないほどに盛んになり、全世界の国々の政治・経済・社会のあり方や、人々の生活が大きく変わってゆく現象。そんな意味でグローバライゼーションと言っているのであろう。

しかしもちろん、東アジア・中央アジア・中東（西南アジア）・ヨーロッパといった、ユーラシア大陸上のさまざまな地域をこえる交通が、ようやく現代になって始まったというわけではない。シルクロードの例に見られるように、長い距離を結ぶ交通路は古くから陸と海の双方で開かれていたし、文化の伝播や権力者による遠征が、遠い地域まで影響を及ぼす例もしばしば見られた。

では、世界のそうした諸地域の歴史が、おたがいに影響を及ぼしながら展開するようになったのは、いつの時代からか。戦後の日本でその意味での「世界史の起点」を論じた歴史家として、上原専禄(明治三十二・一八九九年〜昭和五十・一九七五年)がいる。一橋大学教授としてヨーロッパ中世史を専門とし、日米安保条約反対運動など、平和運動にも盛んに活躍した人物である。

上原が晩年近くに「世界史の起点」をめぐる考察を深めていたことについて、身近でその営みを目撃していた吉田悟郎が『世界史の方法』(青木書店、一九八三年)で詳しく紹介している。その伝えるところによれば、一九六五年と翌年の講演で上原は、「世界史」は十三世紀に始まるという理論を打ち出した。すなわち、モンゴル帝国による遠征が、東アジア・東南アジア・南アジアから、ロシア・東欧・北アフリカに至るまで、広大な領域に影響を及ぼし、交通路を切り開いた。それ以後、アジア・ヨーロッパ・アフリカを含む「ユーラフロアシア世界」が成立し、各地域の歴史はおたがいに関係をとり結びながら展開するようになったというのである。

近年、複数のモンゴル史研究者が、やはり十三世紀のモンゴルによる征服事業によって

「世界史」が始まったと説いているのだが、上原の理論を参考にしたものかどうかは、よくわからない。ただ上原の関心は、西欧近代史を中心にして語られる従来の「世界史」に対して、「日本国民」の主体的な歴史認識から出発した「世界史」の叙述枠組を新たに作りあげることに向いていた。

その考察によれば、大航海時代の西欧諸国による「地理上の発見」によって初めて、世界の諸地域が結ばれたのではない。モンゴルの征服によって交通路が切り開かれたからこそ、西欧人がそれを西から逆にたどることで、近代における西欧勢力の世界支配も可能になったのである。上原がもし存命であれば、現代のグローバライゼーションの本当の基礎をなしているのも、十三世紀における「世界史」の成立にほかならないと論じたかもしれない。

そして、「世界史の起点」の構想と、「日本国民」による主体的な歴史認識という課題をつなぐ存在として、上原が高く評価したのが、いわゆる鎌倉新仏教の開祖の一人、日蓮（貞応元・一二二二年〜弘安五・一二八二年）であった。上原自身、京都生まれで熱心な日蓮宗の檀家に生まれ、子供のころからその信仰に親しんでいた。そして六〇年代の講演では、モンゴルと日本とを含む世界史の動向に向きあいながら、新たな仏教思想を打ちたてた宗教者として、日蓮を位置づけようと試みたのである。モンゴルの日本への襲来を予言したと言われる日蓮の著書『立正安国論《りっしょうあんこくろん》』（文応元・一二六〇年）が、その構想において重要な役割を果たしていると思われる。

†政治理想としての「安国」

『立正安国論』は、徳川時代までは日蓮の著作のうちでは、必ずしも重視されるものではなかった。これを書いたとき、日蓮は数えで三十九歳（以下、本書の年齢記載は数え年による）。すでに比叡山での修学をおえ、関東地方で独自の布教活動を始めていたが、まだ「天台沙門《しゃもん》」と名乗り、天台宗の立場を引き継いでいるという自己認識をもっていた。『立正安国論』に見えるはげしい浄土宗批判が反発を招き、鎌倉幕府から迫害を受けたのちに、『法華経』を唯一絶対の経典とする独自の信仰を体系化するに至る。いわば思想形成期の作品として、低い位置に置かれていたのである。

しかし、最新の研究を反映させ、読解に便利なテクストである佐藤弘夫『日蓮「立正安国論」全訳注』（講談社学術文庫、二〇〇八年）の解説が指摘するところによれば、明治時代の後半になって、『立正安国論』の評価は一気に上昇する。日清・日露戦争の前後の時期から、社会におけるナショナリズムの昂揚にともなって、国柱会など近代の「日蓮主義」の諸団体が、愛国心の実践者としての日蓮の像を前面に押し出すようになる。そこで

『立正安国論』が、侵略を予言した憂国の書として注目を浴びたのである。上原専禄もまた、国柱会の信者であった伯父のもとで、少年時代に「日蓮主義」を学んでいる。

ナショナリズムの要素に加えて、『立正安国論』が示す強烈な実践意識もまた、近代において「日蓮主義」を広めようする運動に大きな活力を与えたことと思われる。鎌倉新仏教の創始者たちの著作のなかで、例外的に強い政治性を帯びた作品である。正嘉《しようか》元（一二五七）年以来、鎌倉周辺では大地震・火災・暴風雨に襲われ、諸国に飢饉と疫病が広がって、多数の死者が出た。

日蓮はこの状況を、法然に始まる浄土宗の誤った教えが世に広まった結果、本来なら国を守ってくれるべき「善神」が見捨て、仏の化身としての「聖人《しようにん》」が現われなくなったせいだと見なす。そこで浄土宗の禁圧を求めて、鎌倉幕府の最高権力者であった前執権の北条時頼にあてて書き送ったのが『立正安国論』である。その結果は、先に見たようにかえって浄土宗側からの攻撃と幕府からの警戒を招き、迫害を受けるなりゆきとなる。

だが、他宗派に対する批判の書というだけではなく、一種の政治哲学がそのなかに語られていることが、『立正安国論』の古典としての生命をつないだのだと思われる。作品の構成は、尋ねてきた「客」からの問いに対して、日蓮の立場を投影した「主人」が答えるという問答体をとっている。「徳政」が行なわれているのに、いっこうに危機が収まらな

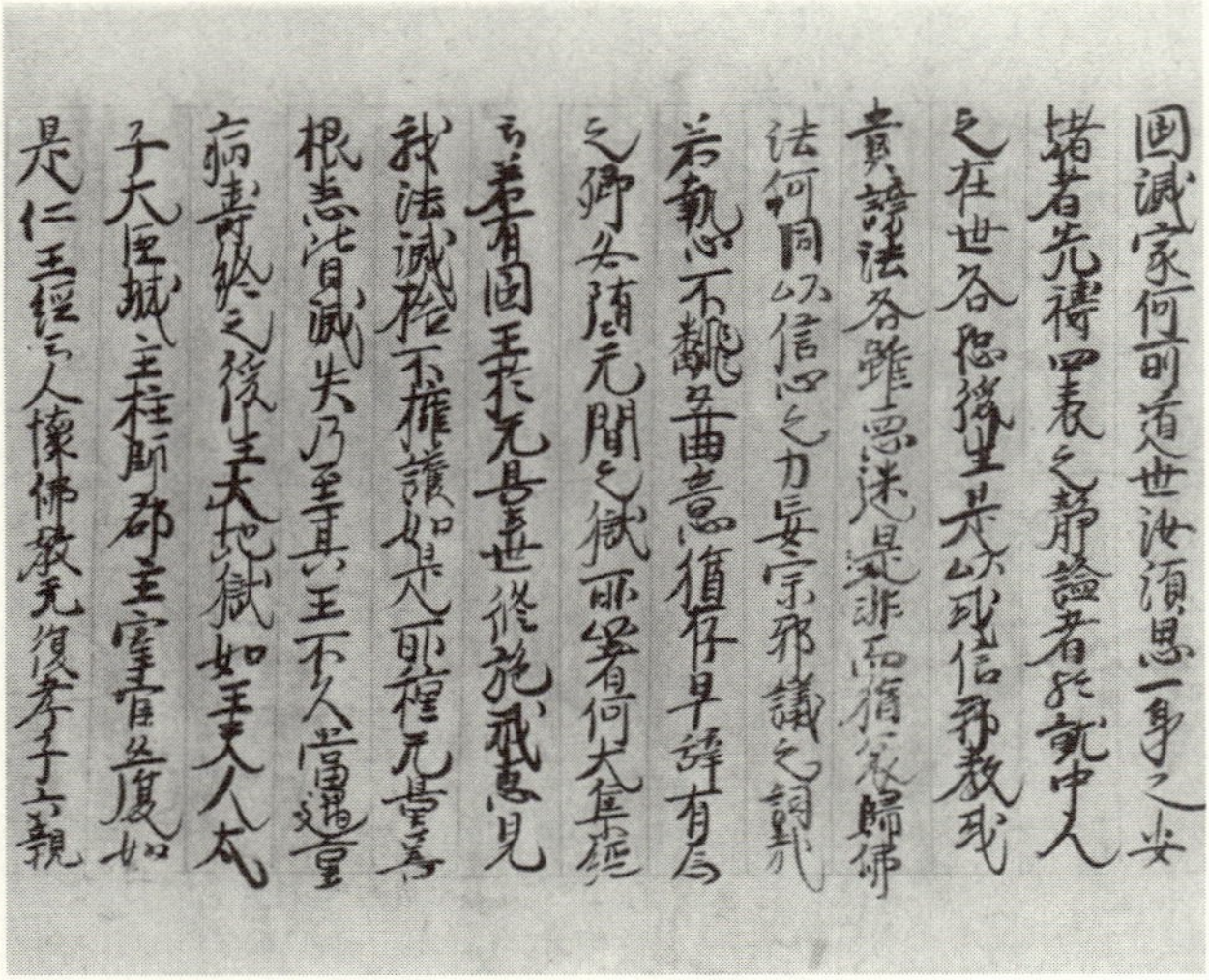
国滅家何可遁世汝須思一身之安
堵者先祈四表之静謐者歟就中人
之在世各恐後生是以或信邪教或
貴謗法各雖悪迷是非而猶哀帰仏
法何同以信心之力妄宗邪義之詞哉
若執心不飜亦曲意猶存早辞有為
之郷必堕無間之獄所以者何大集経
云若有国王於無量世修施戒恵見
我法滅捨不擁護如是所種無量善
根悉皆滅失乃至其王不久当遇重
病寿終之後生大地獄如王夫人太
子大臣城主柱師郡主宰官亦復如
是仁王経云人壊仏教無復孝子六親

自筆本の『立正安国論』。1行目先頭、8行目4文字目の「国」がクニガマエに民という形になっている（『御真蹟対照立正安国論並御指南抄』大日蓮出版、2009年より）

いと嘆く「客」は、統治にあたる人物として想定されており、北条時頼その人を念頭に置いた人物設定と言われている。

「国土泰平、天下安穏」は、君主から万民に至るまで、あらゆる人々が願うものだ。「客」はそう繰り返し、理想の世のありさまとして、儒学思想が理想とする中国古代の理想君主、堯《ぎょう》・舜の治世のように人々が安らかに暮らしている状態を挙げている。「主人」はこれを受けとめながら、そうした治世の実現のためには、正しい仏の教えが流布することが必要だと説くのである。日蓮の自筆本では

「国」の字がしばしば、クニガマエに「民」という形になっているという。この国土のうちで、人々が安らかに暮らしている状態をもたらすこと。それが表題にある「安国」の意味にほかならない。

†「予言」と世界認識

いわゆるモンゴル来襲の予言は、もしもこのまま誤った教えが流行するままにして、危機がさらに深まったらどうなるかという議論として登場する。「主人」は言う。「薬師経の七難の内、五難忽《たちま》ちに起り二難猶残せり」。大乗経典の『薬師経』が述べる七つの災難のうち、五つはすでに起きた。次に来るのは「他国侵逼《しんぴつ》の難」すなわち外国からの侵略と、「自界叛逆《ほんぎゃく》の難」すなわち内乱である。このうち外国からの侵略が、文永の役（文永十一・一二七四年）として実際に起こることになる。

「主人」の言葉はあくまでも経典の引用に基づくものであるから、それは単に警戒心の現われと受けとめた方がいいのかもしれない。この点について、網野善彦は『日本の歴史00「日本」とは何か』（講談社、二〇〇〇年。のち講談社学術文庫、二〇〇八年）のなかで、「蝦夷管領《かんれい》」として津軽を支配していた安東氏の安東五郎が「えびす」に殺された事件につき、日蓮が書簡のなかで触れていることに注目している。そこから想像を働かせれば、北方の武士との交流のなかで、日蓮がモンゴル帝国の拡大という大陸の最新事情にすでに通じていたとも考えられるだろう。そう見るなら、根拠があっての警告と考えることもできる。日蓮の視野は、海をこえて大陸にまで延びていた。『立正安国論』は、そうした国際世界の認識を背景とした書物であったということになる。

「主人」の言葉には、「四海万邦一切の四衆」が正しい教えに帰依したなら、災難はまったく起こらなくなると述べた一節がある。これは、あらゆる人々という程度の意味を大げさに表現した仏教書特有のレトリックかもしれない。だがあるいは、日本国という一国をこえ、世界大に広がった共存のネットワークを、日蓮が展望していたと読むこともできるのではないか。こういう想像を働かせることができるのも、十三世紀という時代と、そこに生きた思想家の大きな魅力であろう。

（佐藤弘夫『日蓮「立正安国論」全訳注』講談社学術文庫、二〇〇八）

7　北畠親房『神皇正統記』
――政治における「徳」と「正統」

†世界のなかの「神国」

「大日本は神国なり」。『神皇正統記《じんのうしょうとうき》』が冒頭に掲げる文句である。延元四（一三三九）年、南北朝の戦乱のさなかに、吉野の朝廷の後醍醐・後村上の両天皇に仕えた公家、北畠親房《きたばたけちかふさ》（正応六年・一二九三年〜正平九年・一三五四年。ただし没年には諸説がある）が初稿を書きあげた歴史書。そのころ親房は、常陸国（現・茨城県）の小田城を拠点に北朝（京都）方と戦いながら、劣勢にあった南朝（吉野）側の軍事力を建て直そうと奮闘するさなかにあった。

この「神国」には、その歴史の原初にいた「神」たちから、代々の天「皇」たちをへて、国を支配する王家の正しい系統、すなわち「正統《しょうとう》」がまっすぐに続いている。『神皇正統記』という題名と本文冒頭の一句は、そうした歴史観を高らかに宣言するものであった。そして親房の同時代において「正統」に属する天皇は、京都でなく吉野にいる後村上天皇にほかならない。この由来を整然と理論化して、南朝方への結集を公家や武家たちに説くという目的で書かれたことは、内容からも、執筆の背景からしても明らかであろう。

当時の日本においては朝廷による正史の編纂が、十世紀初頭の『日本三代実録』を最後にとだえていた。そのあとの時代を扱いながら、しかも歴史上の事実を具体的に語る通史として、『神皇正統記』はのちのちまで読み継がれ、日本史叙述の代表的な文献に位置づけられたのである。

また親房が、楠木正成や新田義貞と並ぶ南朝の「忠臣」として『太平記』に登場し、その活躍が庶民にまで親しまれたことも、この古典を有名なものにした。明治時代から昭和の戦中期に至るまで、「国民道徳」や「日本精神」を学ぶための重要文献として位置づけられたのも、こうした「忠臣」としての親房の人物像が広く普及していたからである。

しかし、『神皇正統記』の内容そのものを読んでみると、実に謎の多い本なのである。「日本精神」の独自の伝統や、天皇に対する臣下の絶対忠誠を説いた書物という印象から外れるような要素が、随所に見られる。それは別の面から言えば、南朝の皇室の政治的宣伝という目的には尽きない、豊かな思想をたたえた古典としての特徴を備えていることを意味する。

そもそも、「大日本」――よみは「おおやまと」か「だいにほん」、もしくはこの三文字で「やまと」――の歴史のみに関心を限った本ではない。この本は、天地の開闢《かいびゃく》と日本国のはじまりを含む、神々の時代から叙述を展開し、そのあとで歴代の天皇の治世について記すという、『日本書紀』以来の日本での歴史叙述の伝統を引き継いだ構成になっている。だが、天地の開闢を説明する前にまず冒頭では、当時の日本の知識人が思い描いていた世界地図を言葉で説明し、そのなかでの日本の位置を確定している。

この世界地図は、『今昔物語集』が天竺《てんじく》・震旦《しんたん》・本朝の三部構成になっていたのと同じく、天竺（インド）・震旦（チャイナ）・日本の三国からなる、中世のいわゆる三国世界観に基づいたものである。そして『神皇正統記』で「中国」と呼ばれるのは、チャイナではなくインド。チャイナの宋代、親房が生まれる少し前に書かれた仏教通史、『仏祖統紀』（天台僧、志磐《しばん》による撰）が示す世界地図をもとにしながら、親房は世界像を語っている。かつて山田孝雄《よしお》や平田俊春による研究が明らかにしたように、『仏祖統紀』をはじめとする仏教書の理論の影響が、『神皇正統記』には色濃く見られる。それは、仏教の理論によって『日本書紀』の神話を解釈しようとする中世神道の思想圏のうちに、親房もいたことを示すものであった。

そして次に親房は、インド、チャイナ、日本と、世界の始まりについてそれぞれの国で伝わっている伝説を並べて説明している。インドの伝説は『仏祖統紀』、チャイナの伝説は『淮南子《えなんじ》』など道教系の書物から引用しているらしい。もちろん一番長く紹介しているのは、『日本書紀』神代巻に語られている日本の天地開闢説であるが、三国のなかでとりわけ真正な伝説と位置づけているわけでもない。むしろ、話の細部は違っていても、混沌とした状態から天地がわかれ、神々が登場するという構図が似ていることに、読者の注意をうながしている。

ここで親房が前提としているのは、三国はそれぞれ異なる歴史をもっていても、みな共通の理法の支配のもとにあるという発想である。『神皇正統記』には「正理《しょうり》」「しかるべきことわり」「天の理」という表現が散見される。外国とも共有する普遍的な「理」に立脚して日本も存続しているという、一種の世界感覚を基礎にして、親房は歴史と政治を論じたのであった。

その上で、いわばこの「理」を具体的な形に凝縮した存在である、鏡・剣・玉の三種の神器を代々の天皇が継承し、その継承者が神武天皇の子孫以外の系統には決して移らないところに、日本の特殊性を見たのである。そうした神の特別なはからいによって成り立っている国。それが「神国」であった。

†政治と「徳」

『神皇正統記』は天皇の歴代記という形をとっているが、ただ事実を書き並べただけの書物ではない。重要な事件については、細かい史実やそのさいの関係者の動機にまでふみこんで紹介し、そこで天皇や臣下たちが下した判断の得失を盛んに論じているからこそ、長く読み継がれたのであろう。近年に刊行された評伝である『北畠親房――大日本は神国なり』（ミネルヴァ書房・ミネルヴァ日本評伝選）で岡野友彦は、後醍醐天皇の逝去により十二歳で即位した後村上天皇を教育するために、『神皇正統記』が書かれたという説を支持している。

たしかに、天皇が統治者としての「徳」を十分に発揮することや、身分の序列を乱さないよう注意しながら、優秀な人材を登用することの重要性を、親房はこの本で強調した。だが、写本で伝えられたのちには、天皇に仕える公家や武士たちにも、統治者としての心構えを学ぶ書物として読まれたこともたしかであろう。天皇のもとで、有能な公家と武士とが、おたがいの序列を維持しながら政治を担当するのが、親房の考えていた理想の秩序であったと思われる。したがって、岡野も指摘するように親房の主張は、幕府を廃止した後醍醐天皇の親政路線に対する、重い批判を含んでいた。

書物としてのこうした性格ゆえに、『神皇正統記』は君主の「徳」をめぐる統治規範論、もっと言えば政治哲学を展開することになった。天照大神が、孫の瓊々杵尊《ににぎのみこと》を地上に降し、その子孫が代々この国を統治するように命じたのが、皇室の起源である。そのさいに皇位のしるしとして渡され、皇位とともに継承されてゆく三種の神器は、それぞれ君主の「徳」を表わしているとするのが、親房の議論の独自な点であった。すなわち、万民が安らかに生きてゆけるよう配慮するために、鏡が象徴する「正直」、玉の「慈悲」、剣の「智恵」の三つの徳を、天皇がしっかりと発揮しながら、臣下とともに仁政を行なうこと。そうした義務が、天皇にはきびしく課されているというのである。

こうした統治者の「徳」をめぐる議論は、明らかに儒学、とりわけ朱子学の思想をふまえたものである。そして『孟子』において提唱され、朱子学が引き継いだ放伐《ほうばつ》革命論、すなわち「徳」を失ない、正しい「道」の実現に努めない悪逆な君主を、有徳な臣下が追放してみずから新たな王朝を始めることも許されるという議論をも、親房は部分的に継承している。

たとえば、後醍醐天皇の鎌倉幕府に対する倒幕運動は、承久三(一二二一)年に鎌倉幕府を滅ぼそうとした後鳥羽院らが敗れ、天皇の退位と三上皇の配流の処分を招いた承久の乱に対する復讐という性格ももっていた。しかし親房は、むしろ「上《かみ》の御とが」と、後鳥羽院らの側の不徳が招いた悲劇だとして批判する。源頼朝が天下の内乱を平定して以来、鎌倉の武家はきちんとした政治を実践してきた。これにまさるような「徳政」を京都の朝廷が行なっているわけでもないのに、恣意に基づいて兵を挙げた以上、皇位から追放されて当たり前なのである。

もちろん中国の場合と異なって、皇室とは別の王家に代わるわけではないが、神武天皇に発する多くの家系のあいだでの、小さな政権交代ならば、臣下による放伐も肯定されると親房は説いた。儒学の思想は古代以来、日本で受容されてきたが、歴史上の事例と関連させながら本格的に論じられたのは、これがほとんど初めての例であろう。

†「正統」とは何か

しかし、君主に求められる「徳」が、三種の神器に象徴されているとする親房の思想は、もう一つの方向にも向かっていった。実は題名にもある「正統」という概念が、独自の意味をもっているのである。この点を明確に指摘したのは、石井紫郎の論文「中世の天皇制に関する覚書――愚管抄と神皇正統記を手がかりとして」(『日本国制史研究I　権力と土地所有』東京大学出版会、一九六六年所収)であった。

天皇の代数を記すさいに親房は、第〇〇代と書くだけでなく、天皇によっては「第××

世」と、神武天皇から親子の継承関係を数えていくつめの世代にあたるかを併記している。そして、三種の神器の継承が「正にかへる」という表現の用法から見ると、「世」のついている天皇が「正統」に属し、それ以外の天皇は「傍《かたはら》」すなわち傍系であると考えていることがわかるのだが、この基準で見るかぎり、「正統」に属する天皇は、歴代九十六人のうち四十三人。そして後鳥羽院に「世」がついていることからわかるように、「正統」に属する天皇が必ず徳の高い人物というわけではない。

実は親房の考える「正統」すなわち正しい皇室の系統とは、同時代の後村上天皇から系図を過去にたどって、子から親に、またその親に……という親子関係の線上に位置する天皇を選びだしたものであった。その意味では、いつでもその時代にいる今上天皇は「正統」の末端にいるのであり、もし三種の神器がほかの家系の皇族へと移れば、「正統」を構成する天皇の顔ぶれも、理論上はがらりと入れ替わるのである。三種の神器は、それを持っている天皇に「正統」としての位置を与える強力なシンボルでもあった。

こうした「正統」の考えに適するのは、天皇は政治の実務に口を出さず、ただ三種の神器を継承し、統治者の「徳」の内容を指し示すのが仕事であり、実際の統治の仕事は公家と武家からなる臣下が担当するという秩序像であろう。後醍醐天皇よりも、その父、後宇多天皇の治世、学問にすぐれた天皇のもとで公家と鎌倉幕府が政治を支えていた時代を賛美するような気配が、親房の筆致には窺える。

統治者に求められる「徳」のありさまを具体的な歴史事例のなかで論じながら、同時にまた、のちの徳川時代に見られたような皇室と武家政権との関係を、穏当なものとして提示した。それが、『神皇正統記』が古典として継承されてゆくことを大きく助けたのであろう。

（岩佐正校注『神皇正統記』岩波文庫、一九七五）

II

8　山崎闇斎『大和小学』
――神代史にひそむ普遍

†謎の朱子学者

京都市上京区の堀川通りを北上し、下立売の交差点を過ぎたあたりの西側に、「山崎闇斎邸址」と刻まれた小さな石碑がある。碑の場所は堀川通りに並行した、一本西の小さな通り（葭屋町通）であるが、朱子学者、山崎闇斎（元和四・一六一九年〜天和二・一六八二年）が私塾を開いていた住居は、もともとは堀川通り沿いに建っていたのかもしれない。

堀川通りはかつて大東亜戦争中の「建物疎開」によって幅が大きく拡げられた。中央を流れる堀川の東側（現・東堀川通）は幅が狭く、西側（現・堀川通）が広いので、通りの西側の建物が壊されたことが地図を見ただけでわかる。実際に行ってみると、東側には伊藤仁斎の私塾であった古義堂など、古い建物が残っているのに対して、西側に並ぶ建物は比較的に新しい。おそらく堀川通り沿いにあった本来の旧宅跡の表側が、道路拡幅で消滅したため、闇斎邸の碑は一本奥の通りに建っているのではないかと思うのだが、どうだろうか。

いずれにせよ、山崎闇斎の私塾と伊藤仁斎の古義堂とは、堀川をはさんではす向かいの位置にあった。開塾は闇斎が明暦元（一六五五）年、仁斎が寛文二（一六六二）年。それぞれに曲折をへた上での、儒者としての本格的な活躍のはじまりであった。

闇斎の側は、もともとは禅の僧侶になろうとして修行を積んでいたが、土佐の吸江寺（吸江庵）で土佐藩の奉行職（執政）にして朱子学者でもあった野中兼山との出会いによって朱子学へと転向する。その結果、寺を追われ故郷の京都で開塾することになった。仁斎の側は、おそらくは闇斎の著作も読みながら朱子学の修養に没頭したのち、その非を悟って新たな学風をめざした上での再出発である。しかも奇矯とも言えるほどのきびしい教育態度によって知られた闇斎と、おだやかな気風の仁斎。思想だけでなく人格に関しても、まったく対照的な二人であった。

闇斎には、棒で机を叩きながら大声で講義したとか、挨拶をしてきた門人に、なぜその時間を学問修業に費やさないのかと叱りつけたといったエピソードが残っている。しかしその奇矯さは、朱子学の「道」を忠実に学び、その教えの中心理念である天地と人間社会とを貫く「理」を、純粋に実践しようという強い志向の表われでもあっただろう。

闇斎は学問の姿勢として、朱熹の教えの「祖述」を標榜し、同時代の日本の習俗からきびしく自立する態度をとった。たとえば日本では、他家から養子をとってイエを存続させ、家業を続けることが普通に行なわれていた。古義堂の伊藤家も含め、多くの儒者のイエも、養子による継承をまじえながら家業としての学問を続けている。しかし闇斎は、異姓養子を禁ずるのが儒者の道だと言い切った。そして実際に、闇斎には実子がおらず、後妻に連れ子がいたが、その男性を養子にすることもないまま、イエの直系の系統は闇斎で途切れている。

しかしその闇斎が、同時に『日本書紀』神代巻の研究に没頭し、吉川惟足《これたり》から神道を学び、みずから神道の一流派である垂加神道を起こした。そのことについて、昭和戦前期にはこんな説明がなされていた。闇斎ははじめ朱子学に没頭したが、日本人でありながら異国の教説を学ぶことの誤りに気づき、「晩年」に神道へと帰依した。たとえば宮地直一・佐伯有義監修『神道大辞典』全三巻（一九三七年〜四〇年）の「山崎闇斎」の項目はそう述べて、「多くの儒者が皇国を顧みなかった時代に於て、闇斎が神道を唱道し、皇国の精神を発揚したことは多とすべきで、殊に其の熾烈なる信念と気魄とを以て世を導き、人を感化した点に至つては、殆ど他に比儔《ひちゅう》を見ない」と讃えている。すぐれた朱子学者でありながら、その立場を棄て「日本精神」に目覚めた人物という位置づけである。いまでも高校の日本史教科書などでは、朱子学よりも垂加神道に重点を置く形で闇斎の紹介がなされている。

†『大和小学』の成立

「日本精神」の立場に基づく平泉澄門下の歴史学者たちによる仕事をはじめとして、闇斎の思想に関する研究は、戦中から戦後にかけて大きく進んできた。近年でも、朴鴻圭《ぱくほんきゅ》『山崎闇斎の政治理念』(東京大学出版会、二〇〇二年)、田尻祐一郎『山崎闇斎の世界』(ぺりかん社、二〇〇六年)、澤井啓一『山崎闇斎——天人唯一の妙、神明不思議の道』(ミネルヴァ書房・ミネルヴァ日本評伝選、二〇一四年)といった、すぐれた研究書が公刊されている。そうした結果、朱子学から神道へ転向したといった理解は現在では支持されていない。

そもそも闇斎は開塾と同じ年に、伊勢神宮の儀式に関する文章も書き著わし、朱子学と伊勢神道の研究を並行して進めている。その神道への関心は、日本の「古伝承」の存在に注目し、朱子学を基盤とした統一理論によって、それを説明することにあったと考えるのが適切なのである。

朱子学の説く「理」は、この一つの天地を共有する人間社会のすべてにおいて、それを支え、その規範となる原理にほかならない。したがって、チャイナの正史にはない神々の物語が『日本書紀』神代巻に記され、チャイナの祭祀とは異なる儀式が神社では行なわれているが、それもまた、普遍的な「理」の具体的な現われなのである。――そうした確信から、闇斎は日本の伝統へと向かったのであろう。闇斎自身は神代巻を真正な歴史記述と考えていたが、現在の研究においては、そのテクストがチャイナ風の概念によって意図的に構成されていることが明らかになっている。朱子学と共通する「理」をそこに発見しようとする闇斎の試みも、あながち荒唐無稽とも言い切れないのである。

そうした闇斎の著作は、講義の記録を除けば、大半は朱子学や中世神道の古典を抜粋し編纂したものであり、自身の文章で構成したものは少ない。そのなかで『大和小学《やまとしょうがく》』（万治元・一六五八年執筆、三年後に刊行）は、全編を自分で書き下ろし、しかも漢文ではなく和文で書き綴った、異例に属する著書である。執筆の年に江戸に出て、伊予の大洲《おおず》藩の大名の嫡子であった加藤泰義と会話し、その薦めを受けて書いた書物であった。

題名に言う「小学」とは、朱子学において学問に志す者が、四書五経を本格的に学ぶ前、少年時代に読むべきものとされた教育書を指す。つまりは、日本人の初学者むけの『小学』という意図で、独自に構想したものなのである。その冒頭で闇斎が記す執筆の経緯が興味ぶかい。闇斎は加藤泰義に向かって、嗜むべき古典として『伊勢物語』や『源氏物語』が好まれる日本の風潮をきびしく批判した。これに対して泰義はこう答えた。「小学こそ人のさまなれば、男のみならはんかは、されどまな《〔真字〕》しらぬ女は、よみがたかるべし、そのさまをかなにやはらげよ」（『日本教育文庫』教科書篇、同文館、一九一一年、二五頁。以下、引用と頁数は同書による）。『小学』は人間一般について語った書物であるから、それを習うべきなのは男性だけとは限らない。しかし女性は漢文を知らないので、読みにくいだろう。だから女性むけに、和文でその趣旨をかみくだいて説明するべきだ。

『大和小学』というテクストの成立それ自体が、チャイナと異なる日本独自の条件を前提としていることがわかる。朱子学と科挙官僚制が密接に結びついたチャイナでは、経書の読者が男性に限られるのは自明の条件である。しかし日本においては科挙が行なわれていないため、そうした限定は根拠がない上に、古来、女性は漢文ではなく和文の書物によって教養を身につける習慣がある。したがって、「好色」な物語文学ばかりを好んでしまう女性についても、朱子学の教養へと導くために、『小学』の趣旨を女性むけに書き直すことが必要だ。——こうした意図自体が、日本の特殊な条件のなかに朱子学の普遍理論を生かそうとする姿勢をよく示している。

†「日本」における理

ただ実際に女性が『大和小学』を読む可能性は男性よりも低かっただろうから、実は一般に漢文を読みこなせない初学者のために書き記したという事情を、女性むけの設定に仮託したのかもしれない。しかしいずれにせよ、日本の一般の人々に親しい形で「理」を説明しようという闇斎の問題関心がはっきりとうかがえる。

天地を貫ぬく普遍的な「理」の存在について、闇斎はこう説明する。「見よ、天の広大にして、四時のめぐり、日月の往来、まさしう目のまへの載《こと》なれど、さらにをと〔音〕もなくか〔香〕もなくて、人そのしかる所をしることなし、これをのづからなるまこと〔誠〕のみちなり」（七三頁）。「天」すなわちこの大自然が生き生きと働いているのは、理が「まこと」すなわち純粋に作用しているからである。理は目に見えず香りもないので、常人はそのことに気づいていないだけだ。――この「天」がチャイナ・日本をこえて全世界を含んでいる以上、この日本にも理に根ざした「みち」が原初から働いている。

したがって闇斎の説くところでは、日本のことについて知るためには、『日本書紀』も一種の経書のような価値をもつ。『大和小学』のなかで闇斎は、神武天皇の没後には「三年位むなし」と、三年の空白期間をへて綏靖《すいぜい》天皇が即位したことをとりあげる（三三五頁）。

これはまさしく、理に根ざした正しい葬式の礼に則っている。他方、北畠親房『神皇正統記』によれば、日本に儒学の経典が伝わったのは、第七代の孝霊天皇の時代である（二八頁）。つまり、日本に学問としての儒学が伝来する前に、すでに天地の道に基づく理が人々によって自覚され、実践されていたのであった。したがって、そうした古い時代に生きていた理の働きが、『日本書紀』の神代巻には表現されているということになる。

ただし、闇斎の神代巻に関する理解は、たとえば朱子学の重視する精神修養の方法としての「敬」の和訓である「つつしみ」が、万物を構成する五行のうちの土・金と対応するとし、神代巻におけるイザナキの禊に関する記述と関連づけるといったものである。冷静に考えれば、牽強付会という批判を免れないだろう。

だが、闇斎は真剣に、神代巻の記述と神道の儀式のなかに、全世界に通用する普遍的な理の働きを読み取ろうとした。世界にはさまざまな文化が存在しており、一見するとおたがいに異質で、理解しがたいもののように思える。しかし、ある特定の文化の内には、ほかの文化と共有できる価値が、それぞれの表現をとりながら存在しているのではないか。文化の特殊性を認めながら、同時にその内奥に普遍的なものを見いだそうとする思考。現代においても重要なそうした姿勢を、闇斎の思想の営みからは読み取れるように思える。

（『日本教育文庫』教科書篇、同文館、一九一一）

9 新井白石『西洋紀聞』
――異文化間の理解は可能か

†シドッチの骨

思想史に限らず歴史上の有名な人物であっても、その風貌について詳しくわからない場合は多い。日本に関しては写真が残っているのは徳川末期の開国以後のことであり、それ以前についても、生前に描かれた肖像画が残っているとはかぎらない。

だが例外的に、重要人物の風貌を立体の復元模型によって知ることのできる例が、近年になって登場した。シチリア島出身で、教皇の命を受け、日本への布教のため宝永五（一七〇八）年八月に屋久島へ上陸した司祭、ジョヴァンニ・バッティスタ・シドッチ（シドッティ、一六六八年〜一七一四年）である。当時の日本はいわゆる「鎖国」政策のもと、キリスト教の布教はきびしく禁じられており、禁教時代に訪れた最後の使節にあたる。

シドッチは日本に来る途中、マニラで手に入れた和服帯刀の姿で潜入したが、たちまち捕えられ、公儀の監視下に置かれて、翌年に江戸小石川（現・文京区小日向）の切支丹屋敷に移送された。そこに幽閉されたまま、上陸から六年後に没するが、二〇一四（平成二十六）年七月、屋敷跡の発掘調査でその遺骨が発見された。そして文書に遺された身長・年齢の記録と、ミトコンドリアDNA鑑定によって、シドッチその人であることが判明し、国立科学博物館が頭骨を元にして、その顔を復元した立体模型を造ったのである。そのおかげで、歴史上の有名人の立体像に対面できるという、稀有な例が出現した。その経緯は、篠田謙一『江戸の骨は語る――甦った宣教師シドッチのDNA』（岩波書店、二〇一八年）に詳しい。

屋久島へ上陸したとき、当時の公方、第五代の徳川綱吉はすでに晩年にあり、その甥、家宣《いえのぶ》（綱豊から改名）が六代目に就任した直後に、シドッチは江戸へと移送されている。そして家宣は、家臣であった朱子学者、新井白石（明暦三・一六五七年～享保十・一七二五年）に命じ、宝永六（一七〇九）年十一月から翌月にかけて、切支丹屋敷でシドッチの訊問を行なわせる。白石が二度の問答のようすを記録し、みずからの評言を書き加えた短い書物が『西洋紀聞《せいようきぶん》』である。

この本は、あとで江戸に来訪したオランダ商館長から得た情報も追加して、正徳五（一七一五）年にいったん成立したようであるが、晩年まで手を加えていたことが本文から窺える。自筆本が国立公文書館内閣文庫に収められており、思想史の有名な古典としては、著者自身による原稿が現存する貴重な例でもある（以下、引用は松村明ほか校注『日本思想大系35　新井白石』岩波書店、一九七五年による）。

新井白石（本名は君美《きんみ》）は、武士であった父が主家を追放されたため浪人となったが、朱子学者としての学識によって家宣の家臣に取り立てられ、旗本となった人物である。シドッチの訊問ののちには、公方のブレーンとして「正徳の治」と呼ばれる政治改革に腕をふるうことになる。林羅山を継承する林家に属していないにもかかわらず、公儀において存分にみずからの政策を提言し、実現する機会にめぐまれた、ほとんど唯一の儒者であった。

訊問ののち白石が記した「羅馬《ローマ》人処置建議」（村岡典嗣校訂『西洋紀聞』岩波文庫、一九三六年に収録）は、シドッチの処分について上中下と三つの方針を挙げる。「下策」はかつてのキリシタン弾圧の例にならって処刑すること。しかし白石は、シドッチは「蛮夷の俗」のなかで生まれ育ったせいで、「天主教」が邪教であることを知らなかったのだと説き、教皇の命令に忠実に従い、命の危険を顧みずにはるばる日本まで渡航した「志」は評価すべきだとする。白石は二度の対面をへて、その「道徳」はまったく評価できないが、

「志の堅きありさま」に感銘を受けたと述べ、この人物を処刑してしまえば「古先聖王の道に遠かるべし」、すなわち人々に憐れみを施す儒学の聖人の道に反すると説いたのである。

したがって白石が「上策」として挙げたのは、長崎もしくは琉球を経由してシドッチを帰国させ、公儀の禁教政策は変わらないことと、公方の「仁恩」の広さとを西洋にも知らせようとする策であった。現実に実行されたのは、白石が「中策」とする幽閉の継続であったが、発掘された遺骨が明らかにするところでは、シドッチの遺体はキリスト教の葬法に従って、身体を伸ばした状態で棺に収められ土葬されている。この処置はあるいは、邪教の信徒ではあっても「志の堅き」人物に対する畏敬の念を示しているのかもしれない。

†「形而下」の学のパフォーマンス

シドッチは、日本に来たときすでに四十一歳。シチリア島の貴族の出身で、教皇庁の法律顧問を務めていた。『西洋紀聞』に記された本人の弁によれば、教皇庁での選任（「一国の薦挙」）によって、日本への宣教師となることを教皇（「本師」）からじかに命じられ、ローマにいたころから日本語の学習を始めていたという。教会で高い地位にある人物が、周到な準備を経て来日した。対する白石は五十三歳。公方の政策顧問という儒者としては最高の地位についたところである。切支丹屋敷での訊問は、そうした大物どうしの対面の場であった。

過去に多くの宣教師たちが日本にやってきて長崎で処刑されているが、清国やシャムではすでに禁教を緩めている。したがって現在なら、長崎にとどまらず江戸まで出て、公儀に直接哀願したならば、「恩裁の御事」によって布教を許されるのではないか。それが来日の理由だとシドッチは説いた。大きな危険を冒しながら日本に来たのは「法のため、師のため、其他あるにあらず」というシドッチの言葉を、白石は記録しているが、そこに「志の堅きありさま」を見てとったのであろう。

この『西洋紀聞』に関してよく強調されるのは、白石がシドッチの「博聞強記」「多学」ぶりに感心し、「天文・地理の事に至ては、企《くわだて》及ぶべしとも覚えず」と記すくだりである。初めて会見したとき、たまたま白石が同席している奉行所の役人に現在の時刻を尋ねたところ、庭に座らされていたシドッチは、太陽の位置と自分の影を観察し、計算して、西洋の時間では何年何月何日の何時何分かをただちに答えた。また世界地図を開いて、ローマはどこにあるかと尋ねたところ、シドッチはコンパスを何度も操作した上で、その位置を指し示した。白石は、キリスト教の「教法」については「一言の道にちかき所もあらず」とまったく評価しなかったものの、「彼方の学のごときは、たゞ其形と器とに精しき」と、天文・地理の「形而下」の事柄に関しては西洋の学問が優れていることを認めたのであった。

しかし、渡辺浩『日本政治思想史〔十七〜十九世紀〕』(東京大学出版会、二〇一〇年)が指摘するように、このエピソードには不審なところがある。太陽と影だけを見て月日と何時何分までを、日時計もなしに計算するのは不可能であるし、その答が正確かどうかを証明する手段もない。また、世界地理に通じた人物がローマの場所を指し示すのに、コンパスを使って計算する必要はないだろう。これは、公儀の高い地位にある人物を驚かせ、尊敬を得ることによって、何とか布教の許可へとつなげようとする作戦だったと思われる。『西洋紀聞』の記述に見るかぎりでは、白石も、奉行所の役人たちも、そのはったりには気づいていなかった。

✝東と西の対決

他方で、「形而上」の道理や人間世界の「教法」「道徳」に関することでは、白石は鋭く考察をめぐらせ、シドッチの矛盾を指摘する。最初の会見は十一月で、もう寒い季節であった。奉行所の役人がシドッチに上着を与えようとしたところ、異教徒の物はもらわないのが「教戒」だと言って断った。そして、自分はもはやどこにも逃げようがないのだから、番人たちが休めるように、せめて夜間だけは自分を拘禁しておいて、監視の必要がないようにしてほしいと依頼したのである。

役人たちはこの言葉に感心したが、白石は手きびしい。「此ものはおもふにも似ぬ、いつはりあるものかな」と一刀両断するのである。監視役の役人がシドッチを大事にするのは、あくまでも「おほやけ」の命令を重んじて、そのために細心の注意を払おうとするからにほかならない。そうした彼らの「うれへおもひ給ふ所」を理解せず、自分の信仰（「法」）を優先して上着の着用を拒むことと、番人たちに対して親切な態度をとりたいと言うこととは、矛盾するではないか。——これを聞いてシドッチは恥じ、上着を受け取ることを受け入れたが、それでもせめて贅沢な絹ではなく、木綿の類にしてほしいと求めたのだった。

おそらくシドッチが片言の日本語を操ることができ、またオランダ通詞の役人たちが補佐したおかげで、徳川時代の日本には珍しい、西洋と日本の知識人の、正面からの対決の場が生まれたのである。シドッチは、「試《こころみ》に物を観るに、其始《はじめ》皆善ならずといふ事なし」と言った上で、「天地の気、歳日の運、万物の生」はみな「東方」から始まるのだから、ユーラシア大陸から見て東の端にある日本は「万国にこえすぐれ」た国だと、あからさまなお世辞を口にするが、白石はまったくとりあわない。

このシドッチの発言について白石が記すのは、創造主である「天主」への信仰を、父への孝や主君への忠といった道徳よりも優先させ、人間関係におけるモラルを顧みない、キリスト教に対する批判である。「もし我君の外につかふべき所の大君あり、我父の外につかふべきの大父ありて、其尊きこと、我君父のおよぶところにあらずとせば、家におゐての二尊、国におゐての二君ありといふのみにはあらず、君をなみし、父をなみす、これより大きなるものなかるべし」。キリスト教の神への信仰が、現世における権威を相対化し否定してしまうという批判は、白石に限らず、徳川時代におけるキリスト教批判の論理として、しばしば見られるものである。だがそれに加えて、シドッチが日本をほめると同時に、キリスト教圏ではローマを「尊び敬はずといふ所なし」と語っているところに、矛盾を見いだしていたのだろう。

ただし、シチリアとローマで十六の学問を学んだというシドッチの知識の全体について、白石が本格的な吟味を加えたわけではない。また、もし長い時間をかけて二人が対話を続けたとしても、両者がそれぞれの信じる「教法」の正しさを疑うには至らなかっただろうと思われる。だが、異文化圏からの来訪者に対して、その発言に真摯に耳を傾け、その内部にある矛盾を見いだすまでに、深く理解しようとする態度。『西洋紀聞』は、徳川時代における西洋研究の出発点として評価されるが、そうした態度がのちの時代の日本人の異文化理解の方法に、どれだけ継承されていったのか。まじめに考えるべき主題だろう。

（宮崎道生校注『新訂　西洋紀聞』平凡社、東洋文庫、一九六八）

10　伊藤仁斎『童子問』
——対話としての学

†徳川時代の反知性主義？

　このところ日本の言論界では「反知性主義」への批判が盛んである。社会でのヘイト・スピーチの横行や、ナショナリスティックな政治家の粗暴な発言を指して、広くそう呼んでいるものらしい。もちろん、外国人やマイノリティへの粗野な反感をむきだしにするような言論は、さまざまな人々が共存する自由な社会の枠組を破壊してしまうから、それを一つ一つ批判してゆくのは大事なことだろう。また、公権力の行使を委ねられた人物の発言には、一般人とは段違いの高いモラルが求められることも、もちろんである。

　だが他面で、それを「反知性主義」の問題としてひとくくりにすることは、はたして有効な批判の方法になっているのだろうか。嫌韓本・嫌中本の読者には、たしかに歴史知識の乏しい人もいるだろうし、日本の過去に関する謝罪ばかりを強調するインテリに対する反感を抱いて、そうした本を手にする人も少なくないだろう。

　だがそういう人々が、「あなたは知性というものを重視していない」と仮に問いかけられたとしても、批判者の考える「リベラル」な「知性」の押しつけにすぎないと感じるだけではないか。ヘイト・デモ、低俗な排外主義言説、政治家の愚かな暴言のそれぞれについて、どうしてそれが問題なのかを、内容に即してていねいに説き明かす必要があるだろう。それを欠いてしまえば「反知性主義」批判は、本が売れない著者たちの愚痴に堕してしまいかねない。

　森本あんり『反知性主義』（新潮選書、二〇一五年）によれば、その言葉の本場であるアメリカにおいても、「反知性主義」は大衆感情による政治の非合理化といった、否定的な側面ばかりで論じられているわけではない。それはむしろ、東海岸の名門大学を出た知的エリートたちが、政治権力を独占することに対する異議申したてでもあった。知性そのものに対する否定というより、特定の知の体系が権威を帯びることに対し、平等主義の立場から知性のあり方を問い直す運動とみることもできるだろう。

　徳川時代の日本社会に関して言えば、近代のアメリカ社会にあったような、特権的な知と政治権力との結びつきは存在しなかった。同時代の清朝や朝鮮王朝とは異なって、朱子学を学んだ知識人が科挙の合格を通じて官僚となり統治に携わる制度は、設けられていない。支配権力を担うのは、世襲の身分制によってその地位につく武士たちであり、儒者たちは主に在野で活躍し、しばしばその朴念仁ぶりが庶民の笑いの対象になる。近現代のアメリカとは異なった意味での「反知性主義」の社会であったと言えるかもしれない。

だが、政治的な影響力は限られていたにしても、書物を読み、著作を書き記すことのできる人々のあいだでは、朱子学がしだいに普及しつつあった。天地自然と人間社会の両方を貫く「理」を根拠として、森羅万象を説明する壮大な理論体系に基づき、四書五経をはじめとする儒学の経書を学ぶことが、知識人の常識になったのである。

この朱子学の方法に対して、徹底的な批判を加え、孔子によって体系化された本来の儒学思想の姿を復活させることを唱えた儒者が、伊藤仁斎（寛永四・一六二七年〜宝永二・一七〇五年）にほかならない。そこで人の生きるべき「道」のありさまを示す語として好んで用いたのが「卑近」である。「道」とは、朱子学が説くような「高遠」な「理」によって支えられるものではない。日常生活において人々がふるまう、身近な「徳」の行ないとして現われるものである。――こうした仁斎の主張から、権威づけられた「高遠」な知のあり方に対する徹底した批判を読みとることも、また可能だろう。

†卑近な道と理論の罠

『童子問《どうじもん》』は、現在は岩波文庫に収められた清水茂による校注本（一九七〇年）によって簡単に読むことができるが、仁斎の主要著作のなかでも、「卑近」を重視する姿勢がもっともよく現われた作品と呼べるかもしれない。晩年の仁斎が、儒学の「道」を基礎とした「人倫日用の工夫」（没後に出た刊本に、息子、伊藤東涯が寄せた跋文による）について、若者（「童子」）との対話という形で書き記した著作である。「卑近」なたとえ話も時にまじえながら、みずからの考える儒学について、わかりやすく語った入門書になっている。

そもそも仁斎が朱子学の「理」の体系を「高遠」と批判するのは、自分と無縁な頭の堅いインテリに対する批判というわけではない。仁斎自身もまた、若い日には朱子学を熱心に学び、世界の物事の一つ一つについて、その根拠である「理」はいかなるものか、集中的に考える作業に没頭していた。その営みが精神的危機をひきおこすまでに至った結果、三十二歳のときに、朱子学を離れ、孔子・孟子のテクストとじかに対話する学問方法へと転換したのである。

それ以後、仁斎は孔子の言行録である『論語』と、その一種の思想的読解書と見なした『孟子』とを、「道」を知るための古典の中心にすえ、解釈の営みを終生続けたのであった。

『童子問』は、この二書から読み取った「道」のありさま――『論語』『孟子』本文の真の意味としての「古義」――と、それを学ぶための方法を、晩年に至って自分の言葉で語り直した書物である。

そして対話者の若者は、朱子学による経書解釈についてもある程度学んだ上で、仁斎の家塾（古義堂）で学び始めたばかりという設定になっている。したがって対話は、朱子学の「高遠」で「空虚」な理論と、「卑近」な本当の学との違いを強調するところから始まる。仁斎によれば、やたらに難解な議論をふりかざして奇をてらう経書解釈は、その表面的な魅力によって名声を博するが、それは本来の「道」から人々を引き離そうとする危険な罠なのである。

艱渋奇僻《かんじゆうきへき》、遽《にわか》に通じ難き者は、反って通ずべし。惟《ただ》論語は知るべからず。至言は泛然《はんぜん》たるが若く、邪説は人を動かし易し、泛然たるが若し。故に得て知るべからず。人を動かし易し。故に覚えず自《おのずか》ら其の窠臼《かきゆう》に陥る。（上巻第四章）

細かな理屈にこだわり、抽象的な理論によって個別の事柄を一つ一つ位置づけるような思考方法。それは本来は儒学と異質であるはずの老荘思想や仏教から朱子学へと流れ込んだ、「邪説」の発想だと仁斎は批判する。しかもそれは、表面上の知的な魅力によって「反って通ず」、すなわち学問をする者の人気を得る。

だが、儒学の経書に記された本来の「道」とは、「知り易く行い易く平正親切なる者」（第五章、ここでの「親切」は身近という意味）であった。「邪説」に囚われた頭からすれば、『論語』に記された言葉はあまりに簡潔で、とりとめのない（「泛然」）ものに思われるかもしれないが、そのわかりやすい言葉のなかにこそ、深い意味がこめられている（「至言」）のである。難解さを好む傾向に対する仁斎の鋭い批判は、近現代の思想状況に対しても通用する力をもっている。

†愛と他者意識

しかしなぜ、抽象的な理屈をもてあそぶことを、人間の知性の純粋な活動として賞賛してはいけないのか。仁斎がこれを「邪説」とまで呼んで斥ける理由は、儒学における「徳行」の最上のものである「仁」について、その理解を大きく誤らせるからであった。「仁の徳為《た》る大なり。然れども一言以て之を蔽う。曰く、愛のみ」（第三十九章）。「仁」とは、人ならほとんど誰もが備えている、他者への思いやりの感情そのものである。

これに対して朱子学の立場は、人間の心の奥底に「理」すなわち「性」が備わっていると考え、空虚な「理」の探究を通じて得られる「仁」の規範によって、感情を統御しようとひたすらめざす。それは、人と人とがそれぞれの人間関係において、おたがいに愛情を及ぼしあっている世界から離れ、目に見えない「高遠」な領域へと関心を逸らしてしまう、危険な営みであった。「人の外に道無く、道の外に人無し」(第八章)。あくまでも、人と人とが関わりあう、この現実の交渉のなかにこそ「道」は生き続けるのである。

だが仁斎は、人と人とが感情の交流を通じて一体化し、おたがいの心のなかを透明に理解しあう共同体を礼賛したわけではない。人間はみな、同一の「性」を心の内に備えていると考え、純粋な「性」のありさまへと立ち戻るための厳格な自己修養を説く、朱子学の発想もまた、見えない「理」の偏重として批判することになる。

宋明の儒先、皆性を尽すを以て極則と為《し》て、学問の功 益《ますます》大なることを知らず。殊《た》えて知らず己が性は限り有って、天下の道は窮まり無し、限り有るの性を以てして窮まり無きの道を尽さんと欲するときは、則ち学問の功に非ずんば、得《う》べからず。此れ孔門専ら教を貴ぶ所以なり。(第二十一章)

朱子学者は、全人類に共通な「性」は天地自然の「理」が心のなかに潜んでいるものだと考え、その自己実現をめざそうとする。しかし仁斎によれば、人それぞれの性質としての「性」は個人によって多様であり、おたがいの痛みや苦しみを認識することすらむずかしい。そのように、誰もが有限な「性」をしか抱えていないからこそ、「学問」が必要になる。孔子の「教」とは、それぞれに限界を抱えた個人がそのままで、「天下」全体に通用する「道」によりそいながら生きてゆくことを可能にするものであった。

個人の「性」のありように関する思考は、『童子問』の叙述形式にもなっている、対話の重視にもかかわってゆく。仁斎によれば孔子の「教」とは、「人に因って以て教を立て、教を立てて以て人を駆らず」（第二十九章）というものであった。個人と個人の、一対一の対話を通じ、その場面に即した形で伝えられてゆく「教」。人間どうしの差異や対立を正面から認めながら、それにもかかわらず「愛」の働きを活発に生かそうとする。この一見矛盾するような姿勢をつなぐのが、仁斎の考える対話の営みであり、対話こそが儒学という「学」そのものの内実をなすのであった。

（清水茂校注『童子問』岩波文庫、一九七〇）

11　荻生徂徠『政談』
――まぼろしの庭園

†「荻生椿」と徂徠の思想

作家、石川淳の随筆に「荻生椿《おぎゅう》」と題された作品がある。『日本思想大系31　荻生徂徠』（岩波書店、一九七三年）に付録として挿まれた月報に寄稿したものである。この本は丸山眞男が中心になって編集し、徳川時代の大儒、荻生徂徠《そらい》（寛文六・一六六六年～享保十三・一七二八年）の著作を校訂・翻刻し、詳しい注をつけた一冊であった。

収められたテクストは、『弁道』『弁名』『学則』『政談』『太平策』と、小文を集めた『徂徠集』からの抜粋。どれも徂徠の思想を理解するために重要な作品であり、その後の研究のための基礎を築いた一冊と言ってよい。編者には丸山のほか、吉川幸次郎、西田太一郎、辻達也と、中国思想史・日本近世史の専門家が並んでいる。

月報の執筆者に石川を選んだのは、昌平黌《しょうへいこう》の儒者の孫で漢籍を読みこなし、戦時中には江戸に留学したと言われるほど、徳川時代の文学・思想に通じた人物であり、それを題材にした仕事も多かったからだろう。このときはすでに長篇小説『至福千年』を岩波書店の雑誌『世界』に連載し、同じ岩波から刊行（一九六七年）してもいる。

この随筆で石川は、徳川時代後期に活躍した園藝家、種樹家《うえきや》金太（繁亭）による植物図譜の書、『草木奇品家雅見《かがみ》』に、荻生加慶（華渓）という人物の名前が登場し、徂徠の「同胞《はらから》」と記されていることに注目する。この本は加慶について、学者でありながら植物の新種開発を好み、「荻生むるいつばき」と称する新種を作り出した人物として紹介している。石川の随筆の中心になっているのは、徂徠の弟であった儒者、荻生北渓《ほっけい》の子孫らしいこの加慶に関する考証である。

しかし同時に、「江戸における種樹の流行」と荻生徂徠の思想の登場とが、同じ時代に重なっていることに、石川は注目する。徂徠が儒者として本格的に活躍した享保年間は、同時にまた、「種樹の風俗」が大流行し、さまざまな新種が開発され、園藝書の出版も多く行なわれた時代であった。そのことを指摘して、「代代かならずしも古書の塵にうづもれたままではなく、ときに花の新種を咲かせたのはかへつて蘐園《けんえん》風雅の微旨に通ふものか」と、随筆の本文を結んでいる。「蘐園」は徂徠の塾があった茅場町の地名を漢語風に呼びかえたもので、徂徠学派の別称になっている。

茅場町を「蘐園」と呼ぶところに表われているように、唐様《からよう》の風雅な美を貴び、漢詩・漢文の文藝にすぐれた才人を輩出したのは、徂徠学派の特徴であった。また伊藤仁斎と同様に、人間の本来的な共通性を説く朱子学の理論を批判し、生まれつきの性質としての「性」は個人によって異なると考え、それぞれの才能を伸ばすことを、徂徠は重視している。徂徠の思想のそうした特質と、多種多様な花が育った園藝の流行との呼応。それを石川は示唆している。

†流動する都市、江戸

しかし、晩年の徂徠が著わした著書『政談』をひもとくと、徂徠の思想と園藝との共鳴は、また別の側面を見せてくる。享保十一（一七二六）年ごろの執筆と推定されており、おそらくは当時の公方、徳川吉宗かその側近からの求めに応じて書かれた政策提言の書であった。したがってはじめは一種の秘書であったが、徂徠の没後に写本が流通し、その内容も世に知られるようになった。現在は、平石直昭校注『政談　服部本』（平凡社・東洋文庫）が、読解のためにはもっとも信頼できるテクストであるが、現代語訳として尾藤正英抄訳『荻生徂徠「政談」』（講談社学術文庫、二〇一三年）があり、詳しい解説が徂徠の思想に関する入門としても役立つ。

徂徠が『政談』の冒頭で述べるのは、当時、江戸の町がめざましい拡大を続けていた現実である。それに対して、繁栄を謳歌するのではなく、徳川時代の支配体制と身分秩序を揺るがしかねない動向と見なし、その危機を克服しようとする姿勢が、この書物の基調をなしている。

都のはずれ田舎へ取り付く所は、元来、堀をほり土手を築く事、武備の一つ也。それ程になくとも、木戸を付けて境《さかい》とすべき事也。元来この境立たざる故、何方《いずかた》までが江戸の内にて、是より田舎なりと云ふ境これなく、民の心儘《こころまま》に家を建て続くるゆへ、江戸の広さ年々に広まりゆき、誰ゆるすともなく、奉行・御役人にも一人として心づく人なくて、いつの間にか北は千住、南は品川まで家続きに成りたる也。(引用は平石校注本による)

徳川家康による天下の統一ののち、百年以上も続く太平のもとで、全国の首都と定められた江戸の町は、急速な発展を見ていた。全国の大名の屋敷が江戸の市中に設けられて大名と武士たちが住むようになり、彼らの消費生活をまかなうために、商人や職人の町もその周囲にできてゆく。市場経済の発展もあいまって、周辺の農村から続々と人口が流入し、江戸の総人口は享保年間には百三十万にも達したと推定されている。当時のロンドン、パリをもしのぐ世界有数の大都会へと成長していたのであった。

これに対して、江戸と近隣の「田舎」との境界が曖昧になってゆくことを、徂徠は強く危惧している。それは空間としての秩序が融解するというだけではない。同時に、経済発展に伴って、人間関係もまた流動的になってゆく現象が、『政談』では鋭くとらえられている。

徂徠の言葉を借りれば、当時の都会は商人の「極楽世界」である。何しろ、俸給である米を売ることで金を手にいれ、消費生活を賄っている武士たちの生活は、米の値段が下がる傾向にあるために、貧窮化の一途を辿っている。そこで、金を貸す商人が武士よりも威張ったり、あるいは武士が生活のために家を貸して賃料で生活する。空間だけでなく身分をわける境界線もまた、曖昧になっていった。

その結果として登場した社会は、人々のあいだをつなぐ紐帯が切り離されて各人が自分勝手にふるまうようになる、徂徠の言葉を借りれば「めんめんこう」に生きるカオスのような状態であった。そうなってしまえば、公儀がいかに取り締まろうとしても、人々が掟の裏をかいて不正な行為に走ったり、放蕩生活で身を持ち崩したりして、いっこうに禁令は行き届かないだろう。それは、徳川家康の天下統一によってようやく成り立った天下の秩序が、ふたたび崩れてゆくきっかけになると徂徠は危惧していたのである。その危機を防ぐための「制度」の再創出を、『政談』では熱心に説き続けている。

徂徠がまず提案するのは、戸籍の制度を作って人々の住所を確定し、町の木戸番などを通じて、その移動をきびしく取り締まる政策である。それを、碁盤に目をまっすぐに彫り込んでゆくようすにたとえている箇所がおもしろい。

惣じて国の治めといふは、たとえば碁枰《ごへい》の目をもるがごとし。目をもらざる枰にては、何程《いかほど》上手にても碁はうたれぬ也。洪水を静むるには川筋を付くる也。川筋を付けざれば、禹王《うおう》再び生まれ出で給ふ共、水を静むる事は叶はざる也。

「禹王」は、中国古代の夏王朝の創始者で、治水にすぐれた才能を発揮し、儒学においては完璧な徳をもった聖人として崇拝されている存在である。しかし世の秩序が碁盤の目のように細かに整えられていないかぎり、禹王のようなすぐれた統治者が現われても、秩序は安定しない。統治がうまく働く前提として、戸籍制度と移動の管理を通じて「人を地に付くる」ことが重要なのである。

それはあたかも、さまざまな草花がそれぞれの置かれた場所で咲いているように、多種多様な色彩が躍る世界であるが、草花は決してその場所を動くことがない。そういう碁盤のような秩序をしつらえ、花がそれぞれに美しく咲くように面倒を見ることが、統治者の偉大な仕事なのである。石川淳が見いだした、徂徠の思想と園藝家との共鳴は、この側面に関しても指摘できるだろう。

†礼楽のユートピア

しかし、徂徠の説く理想の秩序は、きびしい法律で行動を縛りあげ、恐ろしい刑罰を下し、恐怖感情を通じて人心を統合するような殺伐としたものではない。統治者は人々が長く安穏に暮らしていけるように「制度」を整えることが必要なのである。その基準として徂徠が指定するのは、儒者にとっての理想の治世であった古代チャイナの「礼楽」であった。

礼楽の性質について、『政談』では特に語ることをしてはいない。だが一般に儒学思想においては、きびしい法律や刑罰とは対照的に、人々の心を柔和にして調和へと導くものとして、礼楽が統治の重要な手段とされている。それは、美しい儀礼と音楽にふれ、また自分もその所作を演じることを通じて、感覚の底から他者への調和へとむかう回路になる。

「めんめんこう」に生きる人々も、そうした礼楽の作用を通じて、秩序だった行動に導かれてゆくのである。

しかも徂徠の考えでは、そうした「制度」がしっかりと作られ、秩序が安定している社会空間でこそ、人々の個性は花ひらくのであった。そのことを『政談』では、「大臣」すなわち公儀の要職にある人々が、いかにして旗本・御家人からの人材登用を行なうか、また彼らをいかに有用な役人に育てるかに関する提言として説明している。そもそも徂徠の考えでは、統治者である武士に限らず、百姓・町人もまた、それぞれの家職を務めることを通じて、統治の営みを手伝っている存在であった。

人材の登用に関して徂徠は言う。「一くせあるものに、勝《すぐ》れたる人多き物也」。組織のなかで上下左右を見渡して、みなと同じように、めだたないように自制しながら働くような人物は、結局のところ自分にせっかく備わっている才能を殺してしまっている。むしろ「くせ」のある、使いづらい人物の方が、自分の個性に根ざした「才智」をのびのびと発揮するだろう。人格に多少の難点があっても、上に立つ「大臣」は、大きな「器量」をもってその人物を適当な役職につけ、その「才智」を秩序の運営へと役立てることが必要なのである。そうすれば本人も抜擢されたことを喜び、熱心に職務に励むことになるだろう。

ここに見られるように徂徠の思想は、統治者による徹底した制度設計と、柔らかな管理を前提にしている。しかし、一種の地盤として国の「制度」が確立し、身分秩序が安定したのちには、その枠の内で、人々はそれぞれに自分の才能を発揮し、個性を十分に生かしながら生きてゆくことができるのである。「地に付」いた植物が、さまざまな色の花を咲かせ、それぞれ大らかに生い茂っているような世界。近代的な意味での自由が尊重される余地はそこにないが、この美しいユートピアが独自の魅力を放っていることもまた、たしかなことだろう。

（平石直昭校注『政談　服部本』平凡社、東洋文庫、二〇一一）

12　山本常朝・田代陣基『葉隠』
――「家職」に生きる勇気

†二十世紀の「武士道」

現在、日本思想の「名著」として挙げられる作品は、必ずしも同時代から有名だったわけではない。前に、『立正安国論《りっしょうあんこくろん》』については近代になってから評価があがり、日蓮の主要著作となったことにふれたが、さほど注目されていなかった著作が、特に近代になってから再発見され、「名著」に数えあげられるようになった例は少なくない。しばしば徳川時代の「武士道」を示す代表と見なされている『葉隠《はがくれ》』は、そのもっとも極端な事例と言えるかもしれない。何しろ、日本国民がみな共有すべき「武士道」の古典とされたのが、ようやく二十世紀に入ってからなのである。

こうした近代における「武士道」の再発見については、宇野田尚哉《うのだしょうや》によるすぐれた研究がある（「武士道論の成立――西洋と東洋のあいだ」、『江戸の思想』第七号、ぺりかん社、一九九七年十一月）。いまでも「武士道」論の代表として読まれている、新渡戸稲造『武士道』（原著英文、一八九九年十二月序）や山岡鉄舟『武士道』（一九〇二年）はいずれも日清戦争直後の時代に刊行されている。近代国家となった日本が、初めての本格的な対外戦争で勝利を収めることができた。そしてナショナリズムが高揚する戦後の空気のなかで、日本国家の成功を支えた「国民道徳」の源流として、「武士道」が注目され盛んに論じられるようになった。

『葉隠』もまた、佐賀藩のなかでのみ写本が伝えられ、武士たちに読まれる著作だったのが、一九〇六（明治三十九）年にはじめて印刷された刊本として世に出て、その名が知られるようになった。しかし、校訂本や注釈書・解説書が多く書かれ、日本思想の古典として扱われるようになったのは、昭和の時代、しかも戦争期に入ってからなのである。

宇野田の論文も引いている注釈書、栗原荒野《あらの》編『分類註釈・葉隠の神髄』（一九三五年）の「解説」は、そうした古典への格上げの経緯を具体的に語っていて興味ぶかい。一九三一（昭和六）年から翌年にかけて、満洲事変・上海事変と続く中国大陸での戦争では、佐賀出身の将兵の活躍が注目された。とりわけ上海事変で命を落とし、壮烈な戦死を遂げたと礼賛された「爆弾三勇士」の一人は、やはり佐賀生まれの工兵伍長である。こうしていわば『葉隠』ブームが起こり、「武士道」を体現する日本思想の古典の位置へと、一気に躍り出た。

やがて一九四〇（昭和十五）年から翌年にかけて、和辻哲郎・古川哲史の校訂により、岩波文庫から『葉隠』上・中・下の三巻が刊行される。知識人が「教養」として読むべき古典の一覧表のなかにも入ったのである。上巻巻頭にある「はしがき」で古川哲史《てつし》（当時は国際文化振興会に勤務。のち東京帝国大学文学部倫理学科助手・日本倫理思想史）は、ドイツの学生たちが従軍のさいにも持ち歩いた、ハインリヒ・フォン・クライストやフリードリヒ・ニーチェの著作よりも、はるかに「神々しい犠牲の精神」と「壮絶な諦観と決意」に満ちあふれた書として『葉隠』を礼賛する。第二次世界大戦の初期におけるドイツ軍の快進撃を背景に、支那事変に出征する若者たちが携える古典として、文庫版の『葉隠』を推薦する意図で刊行されたのである。

この箇所（上巻十一～十二頁）は、一九六五（昭和四十）年に復刊されたさい、もっと地味な文章にさしかえられることになった。それだけ、『葉隠』の古典への昇格は、社会の軍事化の風潮と密接に関わりあっていたのである。栗原荒野による注釈書も、一九三六（昭和十一）年十一月に出た第八版には、まもなく絶版にするという奇妙な通告が記されている。「第八版発行に当りて」と題し追加した文章で栗原は、「空前の某大事件」が起きため、『葉隠』と佐賀出身者に対する「誤解や曲解」が生じたからだと述べる。

おそらくは、二・二六事件の実行犯として有罪判決を受けた陸軍将校二十三人の出身道府県を調べると、佐賀が四人ともっとも多く、クーデターの黒幕と噂された陸軍大将、真崎甚三郎もまた佐賀出身であり、この注釈書も真崎による揮毫を巻頭に掲げていたことが関係しているのだろう。『葉隠』が、日本精神の古典として礼賛されるかたわら、どこか不穏な、過剰なものを抱えた作品として受けとめられていたことが、よくわかる。

†「国学」と「死狂ひ」

『葉隠』はもともと、佐賀藩の第二代当主、鍋島光茂《なべしまみつしげ》に書物役などの役職で仕えた武士、山本常朝《つねとも》（万治二・一六五九年〜享保四・一七一九年）が語った言葉を、やはり藩主の御祐《ごゆう》筆《ひっ》役であった歳下の武士、田代陣基《つらもと》が書き取ったものと言われ、宝永七（一七一〇）年から書き始めたと記されている。

この著作は全十一巻から成るが、第三巻からあとは、山本常朝の言葉ではなく、佐賀藩の歴代の当主たちや、彼らに仕えた武士たちに関する逸話を多く記録するという体裁をとっている。相良亨・佐藤正英校注『日本思想大系26　三河物語・葉隠』（岩波書店、一九七四年）の解説で相良亨はそのことにふれて、山本常朝の語った言葉の記録として、その思想を理解する手がかりになるのは第一巻・第二巻のみではないかと推定する。そのすべての巻を、常朝の思想作品として受けとめるのは不適切だということになるだろう。

そうした特異な著作の性格は、第一巻の冒頭に掲げられた序文のような文章からも窺うことができる。それは「御家来としては、国学心掛《が》く可《べ》き事也」（ちくま学芸文庫版による。以下同様）という一言から始まっている。ここで言う「国学」は、本居宣長が行なっていたような、日本古典の学問という意味ではない。「国」は佐賀のことを指し、佐賀藩の歴史や制度や習慣を学ぶことを「国学」と呼んでいる。

かつて鍋島家の代々の大名たちは、どのような態度で統治者としての「家職《かしよく》」を務めていたのか。その当主に仕えた武士たちが、主君の命令に忠実に従い、それぞれの「家職」をしっかりとはたしていた心構えは、どんなものだったのか。歴史上のさまざまな事例を通じてそれを学ぶことで、自分たちも「家職」に専念して生きるよう、後代の藩士たちに教え諭す。そうした目的で編まれた本だからこそ、第三巻以降の内容が歴史上の逸話の集成になったのであろう。これに対して、いわば総論として、武士が主君に仕えるさいの心構えを常朝が述べた言葉を、最初の二巻に集めたという構成なのではないだろうか。

そして、第一巻には「武士道と云《いう》は、死ぬ事と見付《みつけ》たり」という有名な文句がある。武士が敵との戦いに臨むさいには、生き残ることなど考えず、ひたすら主君の命令に忠実に、敵にむかって突き進んでゆくのが、武士らしい生き方だというのである。また、「武士道は死狂《しに》ひ也」という言葉も見える。この行動が本当に主君への「忠」になるのかといった「分別」などは放棄して、ひたすら「気違ひに成りて死狂ひする」態度を通じてこそ、武士の「大業」は可能になるというのである。常朝によれば、主人に切腹を申しつけられたとしても、それを「一つの御奉公」と思って忠実に従うのが、立派な武士にほかならない。

だが、切腹はともかく、主君のために討ち死にする機会は、徳川時代の太平の世では失なわれてしまった。最後の内乱というべき島原の乱も、常朝が生まれる二十年ほど前の出来事である。さらに、主君に命を捧げる行為としての殉死もまた、徳川の公儀によって禁じられている。殉死ができなくなってから、武士の風俗は堕落し、真剣に「殿の御味方」をする「御家来」がいなくなってしまったことを常朝は嘆いている。主君のために死ぬことがありえない環境で、忠誠を示す最高の場面としての死にひたすら憧れ続ける。そうした屈折した情念が、『葉隠』の言葉にはこもっている。

†「勇気」と個の意識

山本常朝が説く「死狂ひ」の心構えは、主君の命令に忠実に従うことを生涯の義務としていた、徳川時代の武士たちの心情に、たしかに響きあうものだっただろう。しかしその反面、ひたすら主君につき従う心構えを述べただけの書物であったら、佐賀藩の武士たちのあいだで転々と読み継がれることにはならなかったのではないか。むしろ、こうした「死狂ひ」の心情を基盤としながら、日常の営みを着実にこなしていく態度を養うための、一種のメソッドを示しているからこそ、世代をこえて武士たちが読み、写本が残り続けたのであろう。

たとえば第一巻には「武士の子どもは育立《そだて》様有る可き事也」という文句も見える。そこで常朝が語るのは、子供を「おどし、だます」ようなことなど、幼児のころから一切してはいけないという教育論である。強く叱ったり、殴ったりして子供を脅かせば、「臆病気」がついてしまい、武士らしい「勇気」を培う根が断たれてしまう。この「勇気」は戦場での姿勢と重なるから、「死狂ひ」の態度とも無関係ではないだろう。だがその反面、がむしゃらで過剰な戦闘行動だけでなく、日常生活のなかで自己をきびしく律してゆく態度にも、この「勇気」はつながってゆくはずである。

実は、「武士道と云は、死ぬ事と見付たり」に始まる常朝の長い言葉は、「常住死身に成りて居る時は、武道に自由を得、一生落度なく家職を仕果《おお》すべき也」との文句で終わっている。この場合の「家職」は、徳川時代の武士に関して言えば、みずからの地位・身分に応じて主君から割り当てられた、それぞれの仕事を指す。いわば行政官僚として自分が担当する仕事を、そこに命をかけるかのような真剣さをもって、一つ一つこなしてゆくこと。常朝がのちの世代の武士たちに期待していたのは、日常を生きるためのそうした自己規律だった。

先に引用した序文風の文章は、「御家を一人して荷《にな》申す志」、また「我一人して御家を動かさぬ」という覚悟のすすめで終わっている。どんなに地位の低い役職を任されたとしても、自分「一人」が大名家の組織の全体を支えているのだという「大高慢」な心構えをもちながら、仕事に励み、生きてゆくこと。ひたすら死をめざすような「死狂ひ」の情念は、仕事にあたるさいの「大高慢」の態度として、日常生活のなかに昇華されてゆくのであった。

（佐藤正英校訂、吉田真樹監訳注『定本 葉隠〔全訳注〕』上中下、ちくま学芸文庫、二〇一七）

13　山片蟠桃『夢ノ代』
——「無鬼」の批判精神

†「無鬼」論の衝撃

「この世には不思議な事など何もないのだよ」。京極夏彦によるミステリー小説『姑獲鳥《うぶめ》の夏』（一九九四年）で、探偵役の古書店主・京極堂こと中禅寺秋彦が語った名ぜりふであるが、同じような言葉を遺した徳川時代の思想家がいる。大坂で商人として、また儒者として活躍し、その名を後世に残した山片蟠桃《やまがたばんとう》（寛延元・一七四八年〜文政四・一八二一年）である。

晩年の文政三（一八二〇）年に完成した、大部の主著『夢ノ代《しろ》』の「跋」には、人生の終わりがすでに近いことを意識して、辞世の和歌が二首記されている。その一つはこんな歌であった。

神《かみ》仏《ほとけ》化物《ばけもの》もなし世の中に奇妙ふしぎのことは猶なし

『夢ノ代』は、全十二巻からなる著書である。その内訳として各巻の題名を挙げると、天文・地理・神代・歴代・制度・経済・経論・雑書・異端・無鬼・雑論となる。現代の学問分野になぞらえるなら、まさしく天文学、地理学、神話学、歴史学、政治学、経済学——巻名の「経済」は経世済民の略で、エコノミーの意味ではないが、扱っている対象が物価などの経済政策を主とするので、実質上は現代語でいう「経済」に近い内容になっている——と、諸学を総覧した簡単な百科全書のような書物である。そのうち「無鬼」は第十巻・第十一巻の二巻を占めており、熱意をこめてとりくんだ部分であったことがうかがえる。

書物の最初に付した「凡例」で蟠桃は、自分の書いた内容はありふれた議論で、大坂の商人たちが設立した学校、懐徳堂で教えを受けた二人の師、中井竹山・履軒の兄弟から学んだことのくりかえしにすぎないと謙遜している。だがそこでも「太陽明界ノ説」、すなわち西洋天文学の書物に基づいて、太陽系外の恒星もそれぞれ惑星系を持っていると推論した見解と、「無鬼ノ論」との二つについては「余ガ発明」したところを述べたと語る。

蟠桃の「天文」の議論は、当時日本に入っていた西洋天文学の最新の議論、地球説と地動説、さらに万有引力の法則を紹介したものであった。その最新の科学知識をさらに更新した「太陽明界ノ説」と同じくらいに、「無鬼ノ説」はオリジナリティの高い見解だと誇っていたのである。

ここで「鬼《き》」とは第一には日本の昔話や仏教説話に出てくる、角を生やした人間の形をした妖怪のことではない。ただしそうした神秘的な働きをする存在を一括して、儒学では「鬼神」と呼ぶ。「鬼」と特に限定していう場合は、死者の霊魂のことを意味する。そうした「鬼神」が現実のこの世に現われ、影響を及ぼすという考えを、蟠桃は徹底して否定するのである。

たとえば『日本書紀』の神代巻が述べ伝える、さまざまな「神《かみ》」の伝説について、蟠桃は第三巻「神代」で、「疑ハシキハ疑ヒ、議スベキハ議ス」という態度で臨んでいる。そしてその内容は、登場する人物（神）が八十三万年も生きたというような「無稽」な話や「怪事」が多い。また、文字が日本に伝わる以前の事柄に関する言い伝えに信用を置くことはできない。そう指摘した上で蟠桃は、同じくチャイナの伝説で歴史の初めにいたとされる三人の皇帝と並べ、「漢土ノ三皇、日本ノ神代ノコトハ、存シテ論ゼズシテ可ナリ」と言い切って、これを信奉する「和学者、神道学ヲ唱フル人々」を徹底して批判したのである。その論理の鮮やかさは、まさしく京極堂の活躍ぶりを想像させる。徳川時代の思想家のなかでも、合理的な批判精神に富んだ人物だった。

†懐徳堂と富永仲基

蟠桃の名前はもともと長谷川惣五郎という。播磨国印南《いんなみ》郡神爪《かじめ》村（現・兵庫県高砂市神爪）の裕福な商家の次男に生まれている。十三歳のときに郷里を出て、大坂堂島の大商人、升屋に丁稚奉公を始めた。このとき、やはり升屋にかつて仕え、その別家として独立していた伯父の養子となり、その名前を継いで久兵衛と名乗るようになる。升屋は堂島米相場会所をとりしきる五仲買の一つであり、このころには多くの大名に資金を貸し付ける大名貸に、経営の重点を移していた。

当時の大坂には、やはり豊かな商人たちが設立した儒学の学校、懐徳堂が繁栄を見せていた。升屋は、久兵衛を商人修業のかたわら懐徳堂に通わせ、先に名前を挙げた中井竹山・履軒のもとで学ばせている。それは当時の大坂商人として当然の、身につけるべき教養だったのだろう。懐徳堂の学問は朱子学を中心とするものであったが、『夢ノ代』の記述からは、荻生徂徠や太宰春臺《だざいしゅんだい》の著書、儒学以外には仏書と、天文学を中心とする蘭学をもまた独自に学んでいたことをうかがわせる。

やがて久兵衛は升屋本家の支配番頭にまで出世して、天明三（一七八三）年には仙台藩に大名貸を行なって財政再建に成功を収め、升屋は全国の五十もの大名家と取引するまでに成長する。文化二（一八〇五）年には主家から親類並みを許され、その名字を冠して山片芳秀と名乗るようになった。そしてこれと並行して享和二（一八〇二）年、その知見を集大成した著書『夢ノ代』の執筆に着手したのである。その完成は実に十八年後の文政三（一八二〇）年、すでに七十三歳に達した年であった。学者としての号「蟠桃」は、仙境に存在するとされる大きな桃の木を意味する言葉であるが、「番頭」と同じ音の語を選んだとも推測されている。

山片蟠桃自身はふれることがないが、「無鬼」の議論に代表される徹底した批判の姿勢は、蟠桃が生まれる二年前に没した学者、富永仲基《なかもと》（正徳五・一七一五年〜延享三・一七四六年）と共通することが、しばしば指摘される。仲基はやはり、十歳のときに設立された懐徳堂で学んだと推測されているが、十五、六歳のころに師の怒りにふれ、破門されるなりゆきとなった。そののちは独立した学者として活躍するものの、三十二歳の若さで没している。

その晩年に公刊された短い著書『翁《おきな》の文《ふみ》』は、「神道」「儒道」「仏道」のすべてに徹底した批判を加え、本当の「道といふべき道」としての「誠の道」の概略を述べたものである。破門されたのも、そこに見える儒学批判を師に対して述べたてたからであろう。仲基に言わせれば、儒学の教説はどの時代のものでも、より古い時代の思想を権威としてもちあげ、ライヴァルを論破する「加上」の方法によって作りだされた。そうした論争のイデオロギーにすぎない三教を批判したあとで、仲基が提示する「誠の道」とは、過去の時代や外国の思想に憧れるのをやめ、「今のならはし」「今の掟」に従いながら、穏やかに「今の人」と社交を続けることであった。

仲基とは異なって蟠桃は、あくまでも自分は中井竹山・履軒門下の儒者だという自己認識に立っている。だが、「無鬼」論に見える、神道家や儒者たちに対する徹底した批判は、仲基の批判精神をひそかに受け継いでいるようなところが、たしかにある。

†「経済」の時代

蟠桃は儒者であるから、あくまでも古代のチャイナで書かれた経書を、人と世を論じ、評価するときの基準とした。だが同時に、儒学が理想とする夏・殷・周の「三代」と、徳川日本の「当世」との風俗の違いを強調する。「三代ノ治ハ三代ノ人ニ施スベシ」「当世ノ治ハ当世ノ人ニ施スベシ」。儒学が理想とする「上古」の時代と、「当世」とは世の風俗がまったく異なるのだから、統治の具体的な方策もそれに合わせて変えなくてはいけない。

そして、以前の時代と「当世」との違いを示すのは、徳川時代に進んだ経済成長である。市場経済の発展をみた十八、十九世紀には、奢侈をきびしく戒め、商業の発展を抑制するような従来の儒学型の政策はなじまない。「天下ノ知ヲアツメ、血液ヲカヨハシ、大成スルモノハ、大坂ノ米相場ナリ」。第六巻「経済」で蟠桃はそう述べる。無数の人々がそれぞれに知恵をめぐらし、売買を行なった結果として、市場における価格が決まっているのである。それは「人気ノ聚《あつま》ル処」であり、「又コレ天ナリ、又コレ神ナリ」とまで蟠桃は形容する。

したがって商品の価格が低くなるよう統制する政策などは、「不自由ナルコト云《いう》ベカラズ」。むしろ、統治者があまりにも無駄な奢侈は控えながら、物価を市場の動きのままに任せることで物価は適切な水準に落ち着くだろう。ここに見えるのは、一種の市場の自由放任を求める議論である。昭和戦前期から経済思想史の研究で蟠桃が注目されてきたのも、そうした先駆的に見える議論を展開していたからであった。

ただし、現代において自由競争を推進する言説がしばしば批判されるような、弱肉強食の競争を蟠桃が奨励したわけではない。「経済」は「マヅ民ヲ富《とま》スコソヨカルベシ」と、人々の生活を保障する努力が統治者には大事だと説いている。そしてそのあとに続けて、こういう議論を展開する。

今茲《ことし》河内ノ大水ニ、浪華ノ富人以下米飯諸物ヲ運漕シテ、饑民ヲ救フコト先ヲ争フ。ソノ身分ニ随ヒテ誰一人其施恵ヲヲシム心ナシ。〔中略〕実ニ浪華ニ金多キユヘノミ。コレヲ以テ富ヲ貪ラザルヲシルベシ。コレヲ以テミルトキハ今風俗頽弊スト云ヘドモ、コノ俗ヲ変ズルコトハイト易《やす》カルベシ。

「河内ノ大水」とは、享和二（一八〇二）年七月、日本各地が洪水に見舞われた天災を指している。このとき被害の大きかった河内地方に、大坂の商人たちが被災者を救おうと物資を運び、配給した。それは大坂の経済が豊かであり、そして大坂商人たちのあいだに、困窮した人々を救おうとするモラルが根づいていたからであった。つまり蟠桃はここで、商業を通じた富の追求が、むしろ他者の生にも配慮する倫理の支えになりうることを示唆している。

もちろん、現実の大坂商人が常にこうした「施恵」の姿勢で世に臨んでいるとまで、蟠桃は考えてはいなかっただろう。だがここに見えるのは富永仲基とも共通する「今」の風俗に対する信頼である。みずから大商店の陣頭に立って経営競争を指導しながら、同時に商人たちがおたがいの生活について、また貧しい人々の困難について思いやるモラルを、育てつつあると蟠桃は見ていたのであった。

（水田紀久ほか校注『日本思想大系43　富永仲基・山片蟠桃』岩波書店、一九七三）

14　海保青陵『稽古談』
――商業と「自由」

†旅する儒者

　日本の思想をめぐる誤解のうち、一般人というよりも専門の研究者に広く流布している言説として、こういうものがある。――前近代の日本では「自由」という漢語は、わがまま勝手という否定的なニュアンスで使われるものだった。したがってこれは西洋思想のfreedom、libertyとは似て非なるものである。日本人がいまだにまっとうなリベラリズムを実践できないのは、これを「自由」と訳し、単なるわがまま勝手として理解してしまったためなのだ。

　この誤解は、さかのぼれば柳田國男《やなぎた》や津田左右吉《そうきち》も同じようなことを言っていて、信憑性が高いように見えるから厄介である。これはおそらく、福澤諭吉が徳川末期に刊行した

『西洋事情　初編』（慶應二・一八六六年）で述べていた主張に根拠をもっているが、その読解が不十分である。そこで福澤は西洋における「文明の政治」の原理（「要訣」）として六点を挙げていた。その筆頭に挙げたのが「自主任意」（freedom, liberty）であり、説明に加えた付注でこう述べている。「本文、自主任意、自由の字は、我儘放蕩にて国法をも恐れずとの義に非らず」「英語に之をフリードム又はリベルチと云ふ。未だ的当の訳字あらず」。

これを表面だけで見ると、たしかに漢語の「自由」は「我儘放蕩」という否定的な意味しかもたないので、libertyとは異なると福澤が言っているように見える。だが実際には、「手が不自由」と言う場合のように、思うままに何かを使用できることを示す肯定的な言葉として「自由」を用いる例は、日本でも前近代からある。しかし西洋においてlibertyが意志の自律と結びつき、政治秩序を支える原理として機能している強い規範性は、そうした政治観のない東アジアでは理解しにくい。したがって「自由」という卑近な日常語でそれを訳すのはためらわれる。――福澤はそうした趣旨で、付記で注意をうながしているのだが、「自由」が訳語として定着したあとの時代には、そのニュアンスがわからなくなってしまい、先に見たような誤解を生んだのである。

政治という営みが第一に尊重しなくてはいけないものとしてlibertyを挙げるような思

想は、前近代の非西洋圏には存在しなかった。だが、そうした政治の原理という文脈ではないにせよ、望ましいものとして「自由」の言葉をしばしば用いた思想家は前近代の日本にもいた。それが、徳川時代後期に活躍した儒者、海保青陵《かいほせいりょう》（宝暦五・一七五五年〜文化十四・一八一七年）にほかならない。

青陵は江戸で、丹後宮津藩の青山家の家老の子として生まれた、武士出身の儒者である。父も青陵自身も、荻生徂徠の孫弟子にあたり、加えて蘭学者、桂川甫周とも密接な交流をもっていた。徂徠の思想は、朱子学を始めとする経書解釈の先行学説を徹底的に批判する姿勢によって、さまざまな学問流派に開かれた気風を、知識人の世界にもたらしたと言われるが、まさしくそうした諸学派が交錯する地点に生まれ育っていた。

青陵は十七歳のとき、父と縁のあった尾張藩から留書《とめがき》（書記）の役職に迎えられるが、それを弟に譲り、青山家に儒者として仕える道を選ぶ。それは儒者ならば、「他家へユキタキトキニユカフト自由ナルユへ」の選択であった（『稽古談』、蔵並省自ほか校注『日本思想大系44　本多利明・海保青陵』岩波書店、一九七〇年、三四四頁。以下、引用は同書による）。三十五歳のときに青山家も離れ、全国各地を旅するようになる。そして、それぞれの地方の大名や豪農・豪商に学問を説き聴かせて、彼らからの援助によって生活していた。いわば宮仕えを拒み、全国を旅しながら大名や豪農たちに講義を行ない、訪れた各地での見聞がまた、彼らに財政や経営のノウハウを伝える講義の材料になった。そうした旅に暮らす人生のあり方にも、青陵が「自由」を愛したことが表われているようである。

†「稽古」のレトリック

海保青陵には多くの著書があるが、そのほとんどは「○○談」という題名で、講義を漢文訓読調の和文でまとめたものになっている。平易な言葉づかいで、一つの話題についてさまざまな見聞の例を挙げながら、長々と説明する調子なので、実際に講義していた内容に近いのであろう。『稽古談』(文化十・一八一三年筆)は、そのなかで最も詳しく青陵の思想を書き記した著作と言われている。おそらく大名家で要職についているような武士を対象として語ったものと思われ、その地方の「国」を富ませるための財政策と人材登用とを論じた書物であった。

この「稽古談」という題名に、そもそも挑発の調子がある。「稽古」とは、冒頭で青陵が説明するところによれば「古《いにし》へト今トクラベ合セテ見テ、古へノヌキンデ、ヨロシキコトヲ、カンガヘテ用ユルコト」である。これ自体は、儒学の経書に書かれている古代チャイナの制度や風俗を理想とする儒者にとって、当たり前の発想であろう。

ところが青陵は、朱子学の登場ののち、通常の儒者が重視する『論語』『孟子』が記している孔子・孟子の言葉は、「今日」の政治を論じるには役に立たないと説く。孔子や孟子が生きた春秋・戦国時代は、チャイナが分裂状態にあり、諸侯による小国がおたがいに争う、戦乱の世であった。孔子は人々が争う原因を「利」を求める心理に見て、「利」の追求それ自体を蔑んだ。孟子は民を大事にすることを統治の目標に掲げ、天下全体の民の気持ちを一人の君主へと惹きつけるやり方を説いた。いずれも、すでに二百年も「昇平」の世が続く徳川時代の日本には、まったく合わないやり方なのである。

この青陵の講義を聴いていた武士は、おそらく朱子学を基本にして、『論語』や『孟子』についても何らかの教えをすでに受けた人々だろう。ある意味では冒頭でそうした彼らを驚かせ、話の続きに関心をむけさせる話法と言える。代わりに、「昇平」の世の参考になる「古」の経書として青陵が挙げるのは、孔子よりも前の周の世にあった制度を詳しく説いた『周礼《しゅらい》（周官）』にほかならない。

それは、孔子とは異なって「利」を疎んじることがなく、商工業者から「運上」を徴収する政策、「民ニ米銭ヲカシテ利息ヲ取ル法」など、政府の財政策を論じているところが、平和な時代の統治にふさわしい。青陵はそう論じる。荻生徂徠の思想は、朱子学が基本的な経書として指定した四書（大学・論語・孟子・中庸）の聖典化をやめ、むしろ四書よりも古い六経《りくけい》（詩・書・礼・楽・易・春秋）を、そのテクストの本文のとおりに読むことを学問の方法として指定した。そうした批判的な姿勢を、青陵もまた準用していると言える。

†「富国」の統治術

『稽古談』で青陵が唱えるのは、大名家が財政をたてなおし、民も重税や厳しい法律によって苦しむことなく、「国」の全体を豊かにする政策であった。そのモデルとして『周礼』の記述やチャイナ古代の富国策についても言及があるが、むしろ多く挙げるのは、同時代の大名家やそこに出入りする商人が、いかにして「富国」を可能にしているか、そうした諸地方での実例である。

徳川時代の日本は、空前の経済発展期であり、大坂を中心にした全国的な市場が確立していた。都市と商業が拡大することは、米を年貢として取ることで財政を賄う、大名や武士たちにとっては財政難の原因になる。しかしその中で、商業の発展を基盤にして財政の再建に成功した大名家も出てきた。そうした同時代の状況を青陵はとらえて、『稽古談』でさまざまに紹介するのである。

青陵は「土地ノ物ヲ出スハ土地ノ性也。取レバヘルト云理ハナキコト也」と説く。さまざまな作物の生産を百姓に奨励し、大名家がそれを収納して、市場を通じて他国（日本国内のほかの大名領）へ売りに出す。作物は取れば取るほど増えてゆくものだという発言の背景には、経済が発展し豊かになってゆく変化のただなかに、日本社会はあるという直感が働いているだろう。ここにはすでに、社会全体の富の総量は一定であることを前提とし、統治活動に必要な分だけに政府の財政の規模を限ろうとする、儒学の伝統的な発想からの離脱が見られる。

さらに青陵は日本の武士にある、商売人を蔑む気風をきびしく批判する。武士もまた、年貢米を市場へ売りに出して金を入手し、生活や統治の費用にあてる点で、商人のような存在である。しかも大名と家臣の関係も、大名が家臣に知行米を与え、家臣が大名のために働くという「ウリカイ」であるとまで説明する。そうした武士が、なまじ儒学の影響を受けて「金ヲ賤シム」態度をとるのは、まったく自己欺瞞にすぎない。

ただし武士と町人・百姓との身分の上下関係を、青陵が否定したわけではない。『稽古談』で説いている重要な方策の一つは、百姓たちが作物の増産にはげむよう誘導してゆく「枢密賞」である。それは百姓の生活のためというよりも、大名家が自分の「国」を豊かにし、ほかの「国」との競争に勝つためであった。

今ノ世ハ隣国ニモ油断セラレズ、自国ヲモ油断ナフ養ハネバナラヌ時也。隣国ニモ油断ナラヌト云ハ、［中略］隣国ニテ土ノ出ノ多フナルヨフニスルニ、此方ノ国ニテ工夫セネバ、隣国ハ富テ、此方ノ国ハ貧ニナル也。隣国富テ此方貧ナレバ、金銀ハ富タル方へナラデハ流レヌモノ也。（前掲書、二九五頁）

少しでも「油断」をしていれば、たちまちに「金銀」は他国に奪われて、自国は貧窮に陥ってしまうだろう。青陵の「自由」の追求は、個人の「自由」な生き方を離れた統治論の文脈では、「自由」な市場活動を通じての大名家どうしの競争へとむかってゆく。武士もまた「ウリカイ」によって身を立てる点で商人と同じだと説く発想には、一種の平等主義の主張が潜んでいる。しかしそこで提起される社会の像は、「富」の増殖を競いあう、きびしい競争の世界にほかならなかった。

（蔵並省自ほか校注『日本思想大系44　本多利明・海保青陵』岩波書店、一九七〇）

15 本居宣長『くず花』
――国学と儒学の対決

†二つの宣長像

本居宣長（享保十五・一七三〇年～享和元・一八〇一年）の肖像画として有名なのは、この国学者があぐらをかいた姿勢で座り、その姿の左上に和歌が書きつけてある図だろう。寛政二（一七九〇）年、六十一歳のときに描いた自画像であり、和歌は「しきしまのやまとごころを人とはば朝日ににほふ山さくら花」。

夜が明けて明るくなってくると、遠くに見える山桜の白い花が、朝日にあたってそこだけ輝きだすように見える。その白さを、損得勘定や他者に対する支配欲をまじえない、純粋な感情の動きとしての「真心」もしくは「大和心」にたとえたもので、宣長自身のお気に入りの一首であった。また、普通の着物の上に、みずからの書斎の名を冠して自作した鈴屋衣《すずのやごろも》という上着を着ている。

宣長の国学は、儒学や仏教などを通じて、「漢国《からくに》」(チャイナ)風の考え方、すなわち「漢意《からごころ》」が流入する前の時代に日本に息づいていた、「古《いにしえ》の道」の再認識をめざすものであった。純白の山桜は同時に、「理窟」をめぐらして人々をだまし、支配欲を満たそうとする、邪悪な「漢意」を取り除いたところに現れる「大和心」の象徴である。鈴屋衣もまた、『古事記』の神々の物語に登場する「古」の人々——宣長の理解ではそれが『古事記』の言う「神」なのである——は、こういう服装をしていたと考えて作ったものなのだろう。

端然と座り、おだやかな表情で中空を見つめている表情にもまた、よけいな道徳理論など借りなくても、おのずから人倫の秩序が整っていた、「古」の人々の顔立ちについての想像が投影されているのかもしれない。教科書などで紹介されるのは、たいていこの六十一歳の自画像である。宣長が生活した伊勢松坂の旧宅は現在も保存され、本居宣長記念館になっているが、そのウェブサイトで紹介されているのもこの図像である。これは宣長の顔について現代人が考える、標準のイメージと言ってよいだろう。

ところが、まったく別の表情をした宣長の肖像画もある。晩年、七十二歳のときに京都の絵師、鴨川(祇園)井特《せいとく》が松坂を訪れて描いた肖像画は、やはり鈴屋衣を着て座った姿である。だが表情は自画像とは異なって、目がつりあがり、鼻も高く描かれており、狷介そうな人柄に感じられる。もちろん、二つの肖像のあいだには十年以上の歳月が流れているから、老化によって風貌が変わったという事情はあるだろう。しかしそれをさしひいても、両者の違いは大きい。もしも衣服が共通していなかったら、同一人物を描いたと思えないのではないか。

『古事記』に記された「古」の世で、「真心」のままに生きていた人々は、おたがいの心情をおしはかり、他人の苦しみを自分のもののように感じながら、秩序を保って生きていた。それに対して、感情の機微を理解せず、「理窟」によって相手を説き伏せるやり方は、後世に入って日本に流れこみ、いまの世を支配している「漢意」の所産にほかならない。宣長はそう説いて、「古の道」を学ぶことによって「漢意」をすすぎ去り、「真心」もしくは「大和心」に立ち返ることを説いた。

だが、本人の手になる自画像はともかく、他人が描いた肖像は、むしろいかにも「漢意」を駆使して相手をやりこめそうな風貌なのである。こうした宣長の論争ずきの側面、あるいはその人格のうちで重要な働きをしている「漢意」風の思考をよく示している著作が、安永九(一七八〇)年に書かれた『くず花』(もしくは『葛花』)である(『本居宣長全集』第八巻、筑摩書房、一九七二年、所収)。

†儒者と国学者の論争

『くず花』は、荻生徂徠の孫弟子にあたる名古屋の儒者、市川匡麻呂《たずまろ》が宣長に対して批判を加えたのに対して、反批判を試みた著作である。そのころ宣長は、ライフワークであった『古事記』の厖大な注釈書、『古事記伝』の完成の途上であったが、その総論部分のなかで「古の道」について述べた、「道と云ふ事の論《あげつらえ》」（のちに「直毘霊《なおびのみたま》」として完成される）という草稿を、匡麻呂は宣長の門人を介して通読した。そして「末賀乃比礼《まがのひれ》」という文章を書き、儒学とりわけ徂徠学の立場から批判を試みた。

それを受け取った宣長が、匡麻呂に対し反批判を加えた著書が『くず花』である。市川は、徂徠派の儒者なので、人間社会の秩序を支える文明の始まりは、チャイナ古代の「聖人」が「道」を造った時点にあると見なす。それ以前は野蛮な「洪荒ノ世」なのであり、『古事記』に記された伝説は、文明以前の非合理な空想を、後世になって統治者がまとめたものにすぎない。そんなものを信奉していれば、人は「禍心《マガゴコロ》」に支配されてしまうだろう。その「禍心」については、「聖人ノ道」を学び、神事に用いる「領巾《ヒレ》」のように活用して祓い清めてはどうか。

神道風の表現を使いながらそう揶揄した匡麻呂について、宣長は「聖」の字が清酒を意味することに関連させて、儒学すなわち「漢籍《カラブミ》の毒酒」に悪酔いしているのだと指摘する。それに対し酔い覚ましの薬として、葛の花を市川先生にさしあげましょうという趣旨が、『くず花』の表題にこめられている。文人どうしの遊びの調子もうかがえる論争であるが、宣長の説く内容は強烈な儒学批判である。同時にその結果として、儒学との対比で国学思想の特徴をくっきりと浮かびあがらせたテクストになっていると言える（「聖」の理解については、高山大毅氏よりご教示を受けた）。

匡麻呂は、宣長の言う「道」は、老荘思想が説く「無為自然」の立場と同じだと批判する。徂徠学派の儒者にとっては、聖人による「制作」の以前から「道」が存在したと説き、儒学を批判する発想は、まさに老荘の立場そのものなのである。これに対して宣長は、人間の「さかしら」によって造られたのではないという点については、たしかに老荘思想との「自然の道」と共通すると認める。だが老荘の道は、それを「自然の道」としてわざわざ構成し、宣伝するところに、むしろ人為が強烈に働いている。天地が生じ、神々が登場すると同時に「道」はこの世界に始まって、現代に至るまで働き続けているのであり、その「神の道」のままに生きてゆくのが、「道」についてのまっとうなとらえ方なのだ。――したがって、これを「道」として概念化すること自体が、それを他の「道」と並べて相対化することになり、ふさわしくないと宣長は説いている。

しかし、その「道」は『古事記』に記されているというが、それは意志をもって動いている天照大神がそのまま太陽だといった、荒唐無稽な話を含んでいるではないか。また天照大神が登場する以前は世界が真っ暗なはずだが、そういう記述がないのはなぜか。そうした疑問を匡麻呂は示し、荒唐無稽な空想を信奉するべきではないと説いた。これに対して宣長が提示するのは、一種の不可知論である。

又人の此身のうへをも思ひみよ。目に物を見、耳に物をきゝ、口に物をいひ、足にてあるき、手にて萬のわざをするたぐひも、皆あやしく、或は鳥蟲の空を飛《ビ》、草木の花さき実《ミ》のるなども、みなあやし。

二十一世紀の現在では、この引用箇所で挙がっている人間の身体や動物の行動の例は、その原理が自然科学によってかなりの程度、解明されている。だが、宇宙の限界や生命の始まり、あるいは運命の転変といった事柄になると、まだまだ未知の領域が人間の世界を取り囲んでいることはたしかだろう。宣長は、人間の知恵には限界があるのであり、人間である聖人が天地の「理」を見極めて「道」をしつらえたなどと考えるのは、思いあがりにすぎないと説く。それよりも、遠い過去から『古事記』のテクストが現存し、それに根ざした祭祀がいまも行なわれている。人間にとってその内容が不可思議であったとしても、記された言葉を真実として信じるべきではないのか。――現代人にとっても、『古事記』のテクストに関する史料批判をもし前提としないのなら、簡単には反論しがたい論理を宣長は展開しているのである。

†世界の中の日本

宣長の「漢意」批判に、日本人の自国賛美と、外国に対する蔑視が働いていることはたしかだろう。世界の始まりについて、各国で異なった伝説が伝わっているが、それぞれの国民は、自分の国に伝わっている考えを守るべきではないか。ましてやこの「皇国《みくに》」は「古の伝へ」が唯一正しく伝わっている、「万国《よろずのくに》にすぐれ」た国なのだから。そう説きながら日本以外の外国を「戎狄」と見なし、自国の優越を説く姿勢が、宣長には強く見られる。だがこれは、自国のことしか知らないお国自慢とは、性質が異なっている。先に紹介した不可知論を述べるくだりでは、「天《あめ》」すなわち宇宙に「際限」があるか否かという問いを提示している。もし「際限」がないとするなら、「地球」がこの宇宙の不動の中心になっているのはなぜか、わからないではないか。この宣長の指摘は天動説を前提にしているのだが、その他面で「地」が球体だとする地球説は知っているのである。実際、宣長の残した著述のなかには、「天文図説」（天明二・一七八二年）という、蘭学者による天文書を参考にしてまとめた短い作品がある。同時代の日本ではすでに地動説の受容も始まってはいたが、それなりに新しい科学知識ももった上で、ものを考えていたのである。

宣長の旧蔵史料には、天明三（一七八三）年に大坂・京都で印刷・刊行された「地球一覧図」もある。西洋の原図に由来すると思われるが、日本が東西の中心にある形で作図された世界地図であった。天照大神すなわち太陽は、日本だけでなく万国を照らしているのであり、日本はその天照大神が生まれ、また「古の伝へ」が伝わっている、世界の中心である。主君への忠や親への孝といったモラルが、日本でもチャイナ・インドでもそれぞれの言葉で尊重されているのは、この「神の道」が、本来は世界に共通するものであることの証拠にほかならない。――こうした一種の普遍主義に裏打ちされているところも、宣長の論理の強靭さを示している。

（大久保正ほか編『本居宣長全集』第八巻、筑摩書房、一九七二）

16 平田篤胤『霊の真柱』――「幽冥」へのまなざし

†狂信的な国学者？

国学の大成者、本居宣長の名前は、日本の古典に関する学問を切り開いた学者として、いまでも日本史や国語の教科書に登場する。それに対して、宣長の影響のもとに国学者となり、多くの門人を輩出した平田篤胤《あつたね》（安永五・一七七六年〜天保十四・一八四三年）に関しては、それほど多くが語られることはない。

たとえばある出版社の高校日本史教科書（二〇一六年検定版）は、「日本の古典をめぐる実証的研究」として国学が始まったと語り、それを宣長が「思想的にも高めて」、『古事記』の詳密な注釈書として『古事記伝』を著したことをとりあげている。これに対して篤胤については、その「復古神道」が没後に武士・豪農・神職に受容され、尊王攘夷運動を支えた事実を述べるだけで、思想の内容や著作の紹介は載せていない。同じ国学の思想家でありながら、ずいぶん違った扱いをされている。

これは、戦後に平田篤胤の思想に関する評価が大きく下がったことに由来する。もちろん、宣長と篤胤の国学思想は、明治時代からは大日本帝国の体制を正当化するイデオロギーに用いられ、特に昭和の戦前・戦中期には、政府による思想統制が強まる過程で、「日本精神」を支えるものとして喧伝された。戦後のデモクラシーがそうした抑圧体制の崩壊によって成立したことに鑑みれば、一般に国学に対する評価が下がるのは当然である。だがそのなかでも、篤胤については特に評判が悪くなっていた。

そうした戦後の篤胤批判を代表するものとして、和辻哲郎『日本倫理思想史』（一九五二年）における評価がある。そこで和辻は、篤胤が古典の解読という範囲をふみこえて、死後の世界や「無批判的な神話的宇宙論」を語り出したことをきびしく批判した。「篤胤の神道説は、宣長の長所である古典の文学的研究と関係なく、宣長の最も弱い点、即ちその狂信的な神話の信仰をうけつぎ、それを狂信的な情熱によつて拡大して行つたものである」（『日本倫理思想史』第五篇第八章第五節）。ここに言う「文学」とは文献学（Philologie）のことであるが、宣長の学問のまともな側面を受け継がず、日本の神々に対する「狂信的」な信仰を、さらに肥大させたという評価である。

しかし思想史研究の世界では、一九七〇年代から篤胤に関する再評価の動きが始まった。当時、中央公論社から叢書『日本の名著』の第二十四巻として『平田篤胤』(一九七二年)が一人に一巻を割くという扱いで刊行されている。編集にあたった相良亨《とおる》による解説「日本の思想史における平田篤胤」では、篤胤が天狗や化け物をめぐる民間の信仰をまじめに受けとめたことにふれ、その「民俗」への関心が近代の民俗学の系譜の源流となったと指摘する。さらに、和辻が価値を否定した死後の世界に関する議論についても、庶民の習俗のうちに息づく倫理意識とのつながりを指摘するのである。また九〇年代以降は妖怪ブームのなかで、怪異研究の先駆者としての篤胤に注目が集まることにもなった。

おそらくこうした動向に呼応したのであろう。岩波文庫では実に六十年ぶりに、篤胤のテクストが『霊の真柱《たまのみはしら》』(一九九八年)、『仙境異聞・勝五郎再生記聞』(二〇〇〇年)と、ともに子安宣邦による校注本として刊行されている。さらに近年は宮地正人『歴史のなかの『夜明け前』——平田国学の幕末維新』(吉川弘文館、二〇一五年)に見られるように、十九世紀初頭における対外的危機感のなかで、全世界について貪欲に知識を吸収した篤胤の万能人ぶりを強調する動向も生まれてきている。一種の篤胤リバイバルが、大日本帝国の時代とはまったく異なる形で到来したのである。

天地のはじまりへの問い

『霊の真柱』（本来の表記では「霊能真柱」）は、みずから考える国学の思想の精髄を簡潔に語った、篤胤の代表作である。文化九（一八一二）年に草稿が完成し、翌年に刊本として印刷され、世に出ている。岩波文庫版の「解説」で子安宣邦が紹介しているエピソードであるが、その執筆の経緯がまた特異なものであった。

著書『古史徴』の第一巻「開題記」の記述によれば、弟子をとり、国学の講義を始めてから七年後の文化八（一八一一）年の十月、駿河の門人のもとに訪れていたとき、篤胤はかねてから疑問に思っていたことを初めて口に出した。『古事記』『日本書紀』『古語拾遺』など、神々の時代に関する「古《いにしえ》の伝《つたえ》」を記した書物どうしの間に、内容の違いがあるのはどうしてか。これまでは宣長の『古事記伝』の所説に従えばそれでいいと考えていたが、ほかのさまざまな書物も考え合わせて、正しい内容を確定する必要はないか。そして門人たちがそれに賛成したので、書物を集め、十二月五日からわずか二十五日間で大部の書物を書き上げた。

そこで成ったのが、『古事記』上巻・『日本書紀』神代巻の内容を再構成した『古史成文』であり、その編纂の根拠を記した『古史徴』であり、『霊の真柱』の初稿であった。

和辻哲郎から「狂信的」と評される理由もここにある。宣長は日本に伝わる神々の「道」をもっとも忠実に記したテクストは『古事記』であると見定め、その言葉の厳密な解釈作業に徹した。それに対して篤胤は、研究対象をそれ以外の文献にも広げ、和漢のさまざまな古典から取捨選択して、古伝説の「正」しい内容を構成した。その作業の主観性と、短い日数で厖大な主著を書き上げてしまう勢いに、「狂信」を感じとったのであろう。

テクストの文献研究が発達した後世からふりかえれば、『古語拾遺』や『祝詞式』(『延喜式』の一部)も記紀と同列に扱い、儒学・道教・仏教・蘭学のテクストからも古伝説の断片をかき集める、篤胤の手法が大きな問題を含むのはたしかなことである。しかし、その再構成の作業が、独自に一貫した方針に基づいていることが、その思想の特徴としては重要だろう。その意味で「神話的宇宙論」と和辻が呼んだ特徴が、興味ぶかいものになっている。

そもそも『古事記』の本文は、「天地《あめつち》の初発《はじめ》の時、高天原に成りませる神のみ名は」(宣長による訓読)と始まる。最初からすでに天と地が成立している状態から物語を始めるのである。これに関して宣長は、弟子の服部中庸《なかつね》の著作である『三大考』を、『古事記伝』の附録として追加することによって、増補を試みた。すなわち、『日本書紀』の神代巻が「古《いにしえ》に天地未だ剖《わか》れず、陰陽分れざりしとき、渾沌《まろか》れたること鶏子《とりのこ》の如くして、溟涬《ほのか》にして牙《きざし》を含めり」（『三大考』に見える訓読を参考にした）と始まることに注目して、混沌たる状態から天と地とが形をとって現われ、それと同時に神々が生まれるという世界生成の過程を、図と文章とで示したのである。

篤胤の『霊の真柱』は、この『三大考』に独自の見解を加え、語り直した作品である。そこで中庸の著作を重視する理由について、蘭学による知見を加えて補強するところが注目に値する。篤胤によれば、西洋人は航海術を発達させた結果、この大地と海のありさまに関する知識を発展させた。その結果、地球が球体であり、「虚空《おおぞら》」に浮かんでいるという天文学の理論をも確立した。『三大考』に見える天地の生成の過程は、そうした最新の知識にも符合するというのである。

また、創造神すなわち「天神《あまつかみ》」が天地を「造」ったあと、アダムとエバを生み出したという旧約聖書の所説と、イザナキ・イザナミの物語との類似を指摘する。この記述から、篤胤がキリスト教を正確に理解したとまで言うことはできない。だが、超越神に対する信仰が示すような、世界の始まりの前に存在したものと、そこから万物が生まれてくる過程に対する篤胤の関心が、きわめて強かったことがわかる。

✝死後の魂のゆくえ

天地のはじまりとともに、『霊の真柱』が重要なテーマとしているのは、「霊《たま》の行方の安定《しづまり》」という問題である。この著作の冒頭で篤胤は、学問のためにはみずからの「大倭心《やまとごころ》」を安定させ堅固なものにしなくてはいけないと語る。その心構えのために重要なのが、自分が死んだあとはどうなるのかについて、確実な知識を得ることなのであった。世界の生成の過程を詳しく論じるのも、死後の魂が行くところである「幽冥」の世界の位置を、きちんと確認するためにほかならない。

篤胤が『三大考』にない独特の思想を展開するのは、この「幽冥」の世界をめぐる考察においてである。『日本書紀』の記述を参照しながら、この死後の世界を主宰しているのは大国主神《おおくにぬしのかみ》であるとする。そしてほかの著書『印度蔵志』では、大国主神がその人の生前の行状を審査し「賞罰」を正すと語っている。篤胤には、漢文で書かれた天主教書の内容を紹介する『本教外篇』という著作もあり、キリスト教の影響によって、大国主神による死後の審判という発想が生まれたとする篤胤解釈も、古くから見られる。仏教の閻魔大王の伝説などもあるから、キリスト教そのものと判断することはできないが、「幽冥」の世界のイメージを語るときに、参考にしていた可能性はあるだろう。

しかし篤胤その人にとって重要なのは、キリスト教にふれたことよりも、やはりみずからの経験であった。『霊の真柱』の末尾では、宣長から受けた学恩への感謝を述べるとともに、著作の完成の直前、文化九（一八一二）年八月に亡くなった妻の面影について語っている。もしも自分が死んだら、その魂は「幽冥」の世界へと赴くことだろう。それは、『古事記』に描かれた黄泉国《よもつくに》とは別の空間であり、人間が生きて活動している「顕世《うつしよ》」のどこにも、たとえば墓の上などに存在しているが、生前の人々には見えない世界だと篤胤は論じている。

そして、やはり「幽冥」の世界にいる妻を伴って、師の宣長のもとを訪れ、春夏秋冬の景色を楽しもう。貧しい学究生活を助けてくれた妻の「功《いさお》」を追想しながら、篤胤はそう語っている。「幽冥」に関する発想それ自体は、初稿を準備していたころから抱いていたのかもしれないが、それを著作として完成させる情熱を支えたのは、親しい家族の死という悲劇であった。その深い悲しみを乗り越えるための「霊の行方の安定」。篤胤の思想が多くの人々を惹きつけたのは、そうした感情を背後にもった迫力ゆえのことだったかもしれない。

（子安宣邦校注『霊の真柱』岩波文庫、一九九八）

Ⅲ

17　會澤正志斎『新論』
——徳川末期の総合政策論

†日本版儒学の原点？

日本の思想に関して、誤った理解が世に流布している例は少なくない。一般論として言えば、歴史上の人物について、普通の人が思い描く人物像と、歴史の専門家が研究の成果に基づいて共有している実像とが異なるのは、よくある話である。そうした食い違いが生じることについて、やたらに目くじらを立てなくてもいいだろう。

だが朱子学については、特に論じるべき問題が生じている。たとえば、前章で引いたのと同じ高校日本史教科書はこういう説明を施している。「その大義名分論の与えた影響は大きく、後醍醐天皇を中心とする倒幕運動の理論的なよりどころとなった。」「朱子学は君臣・父子の別をわきまえ、上下の秩序を重んじる学問であったため、［江戸］幕府や藩に受け入れられた。」

朱子学あるいは儒学の特質として「上下の秩序を重んじる」点を第一に挙げることや、徳川時代の初期から「幕府」と「藩」とが朱子学を重視したという理解も、そもそも問題があるのだが、ここで注目したいのは、「君臣・父子の別」と「大義名分論」という言い回しである。

「大義名分」とは、言葉の意味に即すれば、正しい道と、社会秩序における地位に応じて守るべきけじめ、というくらいの意味である。だが、臣下は主君の命令に対して、その是非を問わずに絶対的な忠誠を捧げるべきだという規範を述べる文脈で使われることが多い。そして、尾藤正英『日本の国家主義――「国体」思想の形成』（岩波書店、二〇一四年）、渡辺浩『近世日本社会と宋学』（東京大学出版会、増補新装版二〇一〇年）といった先行研究も指摘するように、そうした主張に基づいた「大義名分」という表現は、中国の儒学思想には見られない。徳川時代の儒者によって作られたものなのである。

また国語辞典では一般に、儒学の基本概念である「五倫」を引くと、「君臣の義」が第一に挙がり、二番目に「父子の親」が並んでいる場合が多い。人間関係の五つの類型のうち、君臣関係を第一に挙げる例が、中国の古典文献にないわけではない。だが、『孟子』滕文公上篇に見えるように、「父子の親」（母子関係も含めて親子のあいだの親愛）を第一、

「君臣の義」を第二に挙げるのが標準だろう。岩波書店の『広辞苑』は第七版（二〇一八年）から、「父子の親」を冒頭に置く説明に変わった。

両親に孝行を尽くし、わが子を慈しむのが儒学においては最優先のモラルである。それに対して、主君に仕えて忠誠を尽くすことは、「義」すなわち正しい道を、統治者としてともに実践するかぎりにおいての義務とされている。年老いた親の介護が必要になれば、官職を辞して世話をするのが当然であるし、主君の命令が正しい道に背いているなら、それに従うことを拒否して、君臣関係を断ち切っても構わない。

これに対して、たとえば浅見絅斎《けいさい》のような徳川時代の朱子学者は、「大義」「名分」の語を強調して、主君に対する「忠」を絶対的なものとして説いた。その点に関しては、現実に生きている武士たちのモラルと適合するように、修正を試みたのである。そうした徳川時代の儒学の傾向に注目して、朱子学は「大義名分論」を特徴とし「上下の秩序を重んじる」ものだという理解が広まり、いまでも日本史教科書や国語辞典の記述に影響を与えている。この「大義名分論」の普及にもっとも貢献したのは十九世紀の水戸学であった。その学派の著作のなかで最も多くの読者を得た書物が、會澤正志斎《あいざわせいしさい》（天明二・一七八二年〜文久三・一八六三年）による『新論』（文政八・一八二五年執筆）にほかならない（以下、『新論』からの引用は今井宇三郎ほか校注『日本思想大系53　水戸学』岩波書店、一九七三年による)。

†水戸藩と「國體」

学派としての水戸学は、十七世紀後半に活躍した、水戸藩の二代目の藩主、徳川光圀《みつくに》(義公《ぎこう》)に始まる。徳川時代のはじめには、家中の武士たちに学問を奨励するような大名は少数派であるが、光圀はその一人であった。明から清への王朝交替にともなって日本へ亡命した朱子学者、朱舜水を藩邸へ招くかたわら、日本古典の研究として『釈万葉集』などの編纂を進めるとともに、通史としての『大日本史』の編纂事業に着手した。そして江戸小石川の藩邸に設けた彰考館に多くの学者を集めた結果、まず朱子学、それに加えて伊藤仁斎の古義学や荻生徂徠の古文辞学を学んだ史臣たちが、学問の一派をなすに至る。これが水戸学である。

だが、水戸学が独自の思想集団としての性格をもち始めるのは、十九世紀初頭、文化・文政期の水戸における藩政改革にたずさわった藤田幽谷からと言ってよいだろう。研究の上では、これ以降、水戸藩で活躍した思想家たちを後期水戸学と呼ぶ場合がある。彼らはみな、水戸徳川家に仕える武士として現実政治に関わりながら、彰考館や、のちに設立される藩校、弘道館を舞台に、学問また政治上の議論を闘わせていた。會澤正志斎は藤田幽谷の弟子として、幽谷の息子である藤田東湖とともに、一八三〇年代から天保期の藩政改革に寄与することになる。

『新論』は、水戸藩の第八代当主、徳川斉脩《なりのぶ》にあてて上程された書物である。その執筆の四年後に藩主は斉脩の弟、斉昭に代わり、斉昭が東湖や正志斎を重用して天保改革を主導することになる。それよりも早い時期に藩政改革を期待して、斉脩にむけ政策案を提示した文書と見ることができるだろう。だがそこには、水戸藩ならではの特殊な条件が加わることになる。水戸徳川家は、尾張、紀州の徳川家と並ぶ、いわゆる御三家の一つとして、大名としては特別の地位をもっていた。江戸城の公方にとっては跡継ぎが出る可能性もある親戚であり、旗本を監督して北方の防備にあたる役も担っていた。したがって、おそらくは斉脩を経由して公方に伝わることも予想しながら、日本全体の統治に関わる提言を正志斎は『新論』に盛りこんだ。正式に公刊されたのは安政四（一八五七）年のことになるが、それ以前にも写本や海賊版の刊本によって、広く全国で読まれたと思われる。

『新論』における改革提言の背景には、経済の成長を背景とする武士の頽廃や、天明の飢饉を通じて困窮した百姓が離散するといった、日本国内の危機状況もある。だがそれよりも前面に出ているのは、西洋諸国がやがて日本に侵略してくるのではないかという、対外的危機感にほかならない。すでに十八世紀末から、ロシアや英国の船が通商を求めて接近してきた状況は、北方防備にあたる水戸藩にとっては重大な関心事であった。しかも文政七（一八二四）年には、英国の捕鯨船が常陸の大津浜に接近し、船員が食糧を求めてボートで上陸する事件が起こる。正志斎はみずからその取り調べにあたり、西洋諸国の動向に関する情報をえて、翌年に『新論』を書きあげた。

したがって、この本で正志斎がもっとも重要な課題にしたのは、日本の独立を保つための人心の統合である。西洋諸国がインドやジャワ、フィリピンへと進出し、支配下に置くことができたのは、キリスト教を侵略の手段として用いたからだと正志斎は考えた。彼らは日本に接近して、まず庶民に密貿易をもちかけ、キリスト教の神秘的な教えによって、人心を西洋諸国に惹きつけてゆくだろう。そうなればキリシタン大名が輩出した戦国時代と同じように、日本国内は分裂し、やがて西洋人によって支配されてしまう。

これに対抗して、武士だけでなく町人・百姓までも含めて忠誠対象を統一するために、『新論』が提起したのは「國體《こくたい》」と呼ばれる日本独自の国のあり方であった。そこでは「天祖」すなわち天照大神が、「天胤《てんいん》」である歴代の天皇に天下を治めさせ、その下で被治者を含むあらゆる人々が「君臣の分」を守りながら、日本全体の統治に何らかの形で関わることとなる。この上下の秩序は「天祖」が定めたものなので、動くことがない。

そうした論理によって、日本では、いまの天皇に絶対的な「忠」を尽くすことが、過去の天皇の統治を同じく支えた先祖の志を継承することにもなるという意味で、「孝」の実践と一致する（「忠孝一致」）と正志斎は説く。そして、天皇の即位に際して、神を祀る大嘗祭を大規模に行なうことで、あらゆる身分の人々に「國體」を再認識させ、日本全体の秩序を保つよう、人心を統合できると説いた。正志斎の議論は、日本全体の統治はあくまでも江戸の公方が行なうことを前提としており、尊王論ではあっても決して倒幕に結びつくものではない。だが徳川末期において、ペリーの来航と「開国」ののち、公儀に対する信頼がゆらぐようになると、尊王攘夷運動の書として『新論』は読まれるようになる。さらにまた、明治期の教育勅語や国民道徳論に、その影響をのこすまでに至ったのである。

†祭祀と家職

だが正志斎の『新論』が独自なのは、人心統合にむけた以上のような議論が、一種の人間論としての深みを伴いながら提起されている点であろう。高山大毅『近世日本の「礼楽」と「修辞」――荻生徂徠以後の「接人」の制度構想』（東京大学出版会、二〇一六年）などの近年の研究によって、単なる「國體」論者には尽きない側面が明らかにされている。『新論』の冒頭近くでは、「天祖」が瓊々杵尊《ににぎのみこと》に皇位のシンボルとして三種の神器を与えたさい、「此を視ること猶ほ吾を視るがごとくせよ」と命じたことをとりあげている。その命ずる内容の心持ちを自分の態度とすることが、「忠孝」が一体となる「臣民」の実践を支えるという趣旨であるが、そのさいに正志斎は、鏡を見て自己の姿から祖先の風貌を思い浮かべるという説明を与えている。鏡をのぞいたときに、自分の父親もしくは母親と似ていることに気づく。そのときに人は、祖先から「職」を代々受け継ぎながら、自分が存在していることを深く実感するだろう。

正志斎が大嘗祭を重要視したのも、こうした先祖からの系譜を人々に実感させ、「忠孝」に励むことの大事さを教えるからであった。『新論』の「長計篇」で、古代中国の「聖人」が定めた先祖の祭祀について、こう語っている。「聖人は祀礼を明らかにして、以て幽明を治め、死者をして憑《よ》るところありて以てその神を安んぜしめ、生者をして死して依るところあるを知つて、その志を弐《たが》はせざらしむ」（前掲『水戸学』一四三〜一四四頁）。天皇が「天祖」に対して、そして自分が先祖に対して行なうのと同じく、子孫もまた自分の志を継いで、「職」の実践を続けてくれる。そうなれば自分の「志」が永遠に生き続けるのと同じだから、死を恐れることはない。——祭祀と家職の継承によって、死の不安を乗り越えてゆくこと。そうした要素もまた、『新論』の「國體」論が人々を魅了した原因になっていたのだろう。

（今井宇三郎ほか校注『日本思想大系53　水戸学』岩波書店、一九七三）

18 横井小楠『国是三論』
――「公論」の政治と世界平和

†一枚の写真

中学や高校で日本史の授業を受けていて、古代から中世・近世と続き、徳川末期になると突然に内容が身近なものに感じられたという印象はないだろうか。たいていの教科書はペリー艦隊の来航について説明するところから大きく章を変えて、近代史として扱っているから、そこでいったん物語が転換するような形になっている。

そしてこのころになると、大きな活躍をした人物のほとんどが写真を残しているので、それまでの時代とは異なって、肖像画ではなく肖像写真が教科書に載っている。リアルな風貌をもった登場人物たちの世界がいきなり始まって、それが現代にまで続くような印象すらあるかもしれない。「開国」によって日本が西洋諸国との本格的な交流を始めた結果として、撮影技術の伝来が進み、写真の時代が始まったのである。

熊本出身の朱子学者、横井小楠《しょうなん》（文化六・一八〇九年～明治二・一八六九年）は、当時の政治思想を代表する重要な人物である。徳川末期に活躍し、明治時代にまでは生きのびなかった思想家――小楠は明治二年に尊王攘夷派の浪士によって暗殺された――のなかでは唯一、この小楠だけが肖像写真を残している。その現物が熊本市の郊外にある晩年の住居を保存した熊本市立横井小楠記念館に寄託されていて、展示室で見ることができる。アンブロタイプという当時の技法による、縦が十センチほどの小さなもの。

実は、そこに写しだされている小楠の表情が独特なのである。本人から見て斜め左の方に顔を向け、口を少しあけている。当時の技術では、晴れた屋外であっても十秒ほどの露光を必要としたという。たまたま話している瞬間をとらえてシャッターを押したのではなく、口をあけたままじっとカメラの前に座っていたのである。どうしてそんなに無理なポーズで撮影したのだろうか。

東京都写真美術館の企画展図録『士《さむらい》――日本のダンディズム』（二玄社、二〇〇三年）のなかで三井圭司が、この謎について考察を加えている。文久元（一八六一）年八月に福井藩の前藩主、松平春嶽《しゅんがく》（慶永《よしなが》）が江戸の霊岸島《れいがんじま》にあった下屋敷に写真師を呼び、撮らせたものであった。小楠はその三年前から藩政改革の助言者として福井に招かれていたが、この年には四月から江戸に出て、春嶽とともに学問を論じ、政策上の諮問に答えていた。その仕事をいったんおえた小楠が福井に戻るさい、記念として春嶽が手配したのであろう。口をあけたポーズは、小楠の人となりをよく表わすものとして春嶽が指定したのではないかと三井氏は推測している。そうだとすると、春嶽と同席しながら議論するとき、春嶽から見て右側から発言する位置が定席だったのではないだろうか。

実際、小楠はよくしゃべる人物として知られていた。言葉を慎まない欠点があるとも評されていたようである。だが、おしゃべりは本人の性格の特徴にとどまらない。それは朱子学者として、天地の全体を貫き、あらゆる人間の心にも備わっている「理」を探究する方法と深く関わっていたのである。

そしてこの「理」は同時に「公共の天理」として、政治を導く指標にもなる。人と人がおたがいに愛情を及ぼしあい、共に生きることを可能にする「理」。現実の状況を見すえながら、その具体的な実現の形を発見する方法として小楠が強調したのは「講習討論」、すなわち、身分や役職の違いにこだわらず、対等の姿勢で徹底的に討論しあうことであった。

親藩の有力大名である春嶽に対しても、おそらく小楠は臆せずにみずからの意見を堂々と語り、さらに相手からの批判も率直にうけとめながら言葉を交わしていたのだろう。話す姿の写真は、印象ぶかいポーズの画像を記念に残すというだけではなく、君臣の身分の違いをこえた友人――「理」の探究においては誰もが対等な「朋友」だとするのが小楠の主張である――どうしのあいだの遊びの趣向もこもっていたように思われる。

†学校論と議会政治

横井小楠は、熊本で改革派朱子学者のグループともいうべき「実学党」の中心人物として、学問と現実政治に関する高い見識で知られていたが、現地では概して不遇であった。その才能に目をつけ、藩政改革のために重用したのが松平春嶽と福井藩の武士たちである。万延元（一八六〇）年に書かれた『国是《こくぜ》三論《さんろん》』は、改革にあたっての政策綱領を示す著作であった。「富国論」「強兵論」「士道」の三つの話題にわたるので「三論」という。

富国・強兵・士道と並べると、徳川末期の武士たちが明治の富国強兵の路線を導いたのだ、と早合点してしまいかねないが、小楠のねらいはこの三つの言葉のイメージをそれぞれ大きく変えることにある。「士道」は武士の従来のモラルを追認するものではなく、むしろ朱子学の思想における統治者としての士《し》大夫《たいふ》の理想に近い。日本においては武士が統治者の役割を担っていることを前提としながら、「文」と「武」との両面にわたってすぐれた能力を磨きあげること、そしてその両面に共通して、誰もが心の内にひそめている

「徳性」を涵養することを出発点にしなくてはいけないと小楠は説いている。

そうした武士たちの教育の場として小楠が重視するのは、藩政府に直属する「学校」である。学校での教育の方法については、すでに『国是三論』の八年前に福井藩に書き送った『学校問答書』で詳しく述べていた。そこで教育・学習の方法として提起したのが、身分をこえた対等な「朋友」としての「講習討論」である。小楠の構想において学校は、書物を読んでその理解を深める場に尽きるものではない。藩の政策についても、大名と家臣が、また家臣どうしがおたがいにきびしく批判しあい、政治の方針を討議する機関を兼ねていた。

『国是三論』の「富国論」の章には、英国の議会政治とアメリカの大統領制を「公共和平」な政治制度として高く評価したくだりがある。もともと小楠は西洋の政治・社会について知識を得る前から、討論による「公共」の政治の実現を、朱子学の発想に基づきながら理想として掲げていた。西洋の議会政治や、世襲制を廃して優秀な人物を最高権力者の地位につける大統領制は、朱子学の観点からしてすぐれた制度であるからこそ、小楠は賛美したのである。

この立場は、議会政治をくみこんだ「公議政体」の構想として、徳川末期の政治過程において広く共有されることになる。やがて明治政府が発足するにあたり掲げた五箇条誓文

（「御誓文」慶應四年三月）もまた、この方針を引き継いで「万機《ばんき》公論ニ決スベシ」と宣言しているが、この誓文の起草者の一人は、小楠とともに藩政改革の実行にあたった福井藩士、由利公正《ゆりきみまさ》であった。「公論」すなわち幅ひろい参加者による討論を通じての政治という小楠の構想は、明治国家による立憲政体の導入にまで影響を及ぼしている。

†交易と世界平和

かつては「夷狄《いてき》」すなわち野蛮人だと思っていた西洋諸国は、その政治や社会のあり方について知ってみると、実はまったく違っていた。それは、同時代の清帝国や日本よりもはるかに、儒学が理想とする堯舜《ぎょうしゅん》三代の世に実現していた統治のあり方に近いものだったのである。――議会と大統領制に加え、病院や孤児院、さらに学校の整備といった事例に小楠は着目し、西洋諸国に対する高い評価を抱くようになっていた。当然に、欧米が主導する世界貿易についても、日本が積極的にそのネットワークに加わるべきだという考えを提起することになる。

『国是三論』が説く、民の生活を安定させるとともに、藩の財政を建て直す「富国」策は、こうした海外交易を利用する提案と結びついていた。もともと儒学においては、商業活動を私的な利益の追求として、道徳的に不純なものと見なす傾向が根づよくあった。しかし小楠は、おたがいに足りない物を融通しあう「交易」は「天地間固有の定理」に根ざす立派な行為だとして、評価の方向を変える。そして、百姓に指導して作らせた生産品を藩が買いあげ、国内市場と海外市場に売りに出すことを通じて、民と政府の双方を豊かにする政策を実践したのであった。この政策は現実にも成功し、福井藩の財政を建て直したと言われている。

単に国の財政を健全にし、人々の生活を豊かにするというだけならば、のちの明治国家による富国強兵の方針とそれほど変わらないとも見えるだろう。だが『国是三論』に見える小楠の議論は、日本が「開国」を通じて世界の外交・通商のネットワークへ参加するというのみにとどまらない。さらに進んで、日本が外国に戦争をやめさせ、世界平和の実現に努めることを提唱するのである。

小楠もまた、西洋諸国が時にはおたがいに戦争をし、インドや中国などアジアに進出してその独立を奪っていることを、すでに知っている。これについて『国是三論』の「強兵論」では、英国とロシアの東アジア進出に備えて海軍を整備することを、徳川政権の採るべき策として提唱している。しかし同時に、こうつけ加えるのである。「時あっては海外の諸洲に渡航し、我義勇を以て彼が兵争を釈《と》かば、数年ならずして外国却《かえっ》て我仁風を仰ぐに到らん」。

世界万国が平和に交流しあう「天地間固有の定理」に則ることが各国のめざすべき理想であるならば、日本もまたその実現を積極的に追求すべきである。したがって海軍の軍備を自国の防衛だけに使うのではなく、ほかの弱い国が侵略されたとき、あるいは強い国どうしが戦争を続けているときに、それをやめさせるために海外へ派遣しなくてはいけないと小楠は説いた。

小楠の思想はしばしば、日本国憲法第九条に見られる平和思想の先駆者としてとりあげられる。その平和論は、国際社会のなかで日本が平和の実現の担い手として、積極的に軍事力を行使することを理想とするものでもあった。

安政四（一八五七）年に福井藩の藩士、村田氏寿が熊本の小楠のもとを訪れ、招聘を打診したさいに語った言葉が残されている。これからの世界で日本は「強国に為るではならぬ、強あれば必ず弱あり、此《この》道を明かにして世界の世話やきに為らにはならぬ。一発に壹萬も貳萬も戦死すると云様成事は必止めさせにはならぬ」（山﨑正董『横井小楠伝』上巻、日新書院、一九四二年、二九〇頁）。「強国」をめざすのではなく、国際社会における弱者を助けて、戦争をやめさせる「世界の世話やき」になること。それが小楠のめざす平和国家のありようだったのである。

（花立三郎訳『国是三論』講談社学術文庫、一九八六）

19 福澤諭吉『文明論之概略』
――人類の目的としての「文明」

†「文明」とは何か

「文明」という言葉をきいたとたん、現代人は何を思うだろうか。インターネットで検索をかけると、これを含む言葉で先に出てくるページは、お菓子の「文明堂」や下の名前が「文明」である政治家のウェブサイトを除くと、「インダス文明」「マヤ文明」など、人類史上、過去に存在した文化をめぐるものが目だつ。

『岩波国語辞典』第七版新版（二〇一一年）の語釈によれば、「文明」とは第一に「世の中が進み、精神的・物質的に生活が豊かである状態」と説明されている。過去の「文明」に関するページばかりがインターネット上で目につく状態は、いまの人々が周囲の現状に関して、精神面でも物質面でも「豊か」とは感じられなくなっていることを表わしているのかもしれない。いまの時代を「文明」のまったただなかと感じられなければ、過去のものばかりを「文明」と呼ぶのもあたりまえである。

しかし、明治初年の日本に生きた人々はそうではなかった。「文明」とはもともと、道徳的に立派で輝かしい人格や世のありさまを形容する、儒学の古典に由来する表現である。明治初年には、この言葉に世の中が「開けて」ゆくことを示す「開化」の語を加えた「文明開化」が、西洋文化の急速な受容とともに流行語となった。そのさいは主に、当時の西洋人がみずからの文化と歴史を説明するときに用いた言葉、civilization の訳語として「文明開化」と語られていた。civilization は同時に「文明化」をも意味するから、当時の日本の人々は、まさしく西洋の「文明」と出会うことで、社会の「文明化」が進みつつあるという実感のなかに生きていたのである。

もともと「文明開化」の四字熟語は、福澤諭吉（天保六・一八三五年〜明治三十四・一九〇一年）が『西洋事情　外編』（慶應四年・一八六八年）のなかで civilization の訳語として用いたのをきっかけにして、世に広まったものである。その後の日本が、この「文明」を合言葉にして西洋の思想・制度・文物の受容に努め、急速に近代化をなしとげたことを考えれば、近代日本の出発にあたって福澤諭吉がはたした功績は、この点だけをとってみても大きい。

もちろん他面で十九世紀西洋の「文明」概念は、ほかの地域への植民地支配を正当化するものでもあった。その意味での「文明化」の意義を無条件に礼賛することは、今日では許されないだろう。だがいずれにせよ、「文明」への道のりを追求した近代日本の出発点をふりかえるさい、福澤諭吉という思想家が重要な位置にあることはまちがいない。その福澤が、明治維新の激動がいったん収まったのち、改めて「文明」の本質について体系的に論じた著作が『文明論之概略』である。一八七五（明治八）年八月に全六冊の和綴じ本として刊行された。いまでは松沢弘陽の校注による岩波文庫版（一九九五年）が、通読するのに便利である。

†精神の「働」と「自由」

福澤は、西洋の「文明」の根本にあるものを何と読みとっていたのか。あえて一言で断言するなら、「自由」の精神にほかならない。すでに徳川末期に刊行し、多くの読者に西洋の制度・風俗を紹介した著書『西洋事情　初編』（慶應二年・一八六六年）において福澤は、西洋で「文明の政治」と呼ばれる政治のあり方は、六つの「要訣」に基づいていると論じた。そして本書第十四章でふれたように、その第一に来るのが「自主任意」（freedom, liberty）にほかならないと述べ、「其国に居り人と交て気兼ね遠慮なく自力丈け存分のことをなすべしとの趣意なり」と説明したのである。

『文明論之概略』では、このように直截に「自由」が根本にあると言い切っているわけではない。しかしその叙述のはしばしには、「自由」の原理になじみのない当時の日本の読者に対して、いろいろな論法を用いながら「自由」の意義を実感させようとする工夫が見られる。

この本の第二章「西洋の文明を目的とする事」では、西洋の進んだ「文明」を受容するのには、衣服・住居・法律といった「外形の事物」よりも、理解することのむずかしい「文明の精神」をこそ、第一に身につけるよう努力することを読者に薦めている。では、「文明」を支える精神とはいかなるものか。その内容は、むしろ『文明論之概略』全十章の全体で語られていると見るべきであろうが、さしあたりこの第二章においては、「多事の世界」と言うべき複雑な社会生活に対処してゆくために、「事物の軽重大小を問はず、多々益《ますます》これを採用して益精神の働を活潑ならしむる」と説明している。

社会生活がしだいに多様で複雑になってゆくのが、「野蛮」から「文明」へと進歩してゆく歴史の法則である。そう福澤は指摘した上で、複雑な世の中に対応できるように、精神を「活潑」に働かせることを提唱した。「自由」が意味する内容を深く掘りさげ、人間の精神の「働《はたらき》」の具体的なありさまとして「自由」を提示するのである。しかもそれは、福澤によれば「人生の天然」すなわち普遍的な人間の本性に即する「働」にほかならず、人間とは「天性自《おのず》から文明に適するもの」であった。

二十一世紀の現代人から見れば、人類すべての歴史が同じ方向で進歩するとか、人類すべてが「自由」を旨とする「文明」に適した性質をもっているといった断言には、うけいれがたいものを感じることもあるだろう。しかしその反面、自分の精神を「活潑」に働かせることに価値を置くのは、西洋思想にかぎらず多くの文化圏の思想・宗教が共有するものでもある。実際、人間すべてに本来備わっている共通の人間性を、生き生きと働かせることは、徳川時代の後半から日本の知識人の共通の教養となった朱子学も、めざしたところであった。

『文明論之概略』の第六章「智徳の弁」において福澤は、儒学は心の内での欲望の制御、すなわち「私徳」の涵養にばかり集中してきたために、「徳」と並んで人間の精神を支えるはずの「智恵」を軽視したときびしく批判している。だが同時に、心の「働」の「活潑」さを重んじる姿勢には、儒学もしくはそのなかでの朱子学との連続性を見いだすこともできるだろう。別の面で言えば、西洋の「自由」の思想を、そうした心の「活潑」化として理解したがゆえに、「文明」を、西洋と東洋の区別をこえて人類がめざすべき理想として提示しえたのである。

実は第二章「西洋の文明を目的とする事」には、古い時代から「自由の気風」がゆきわたった西洋諸国と対比して、「支那」の皇帝支配の伝統を野蛮（福澤の言葉で正確に言えば「半開」）と見なして批判する議論があり、しばしば「支那」への蔑視として批判されている。だが、この箇所が草稿では「支那」ではなく「日本」になっていたことが、進藤咲子の研究（『『文明論之概略』草稿の考察』福澤諭吉協会、二〇〇〇年）によって明らかになっている。

福澤の批判の対象は、単一の信仰を人々の心に植えつけて統合を維持しようとすることで、精神の運動を封殺してしまう神政政治（「神政府」）にあった。それは清帝国の皇帝政治よりも、むしろ『文明論之概略』の執筆当時にはまだ政府内に勢力を残していた、神道国教化運動を警戒する発言と考えた方がいい。政府の民衆教化機関であり、神道家も多く関わっていた大教院（一八七二年発足）が置かれていたのは東京の芝の増上寺で、福澤の慶應義塾がある三田のすぐ近くであった。

明治初年の当時は、急速な西洋文化の受容によって、従来の身分制を支えていたモラルが解体してゆくことが、為政者や知識人にとって危機として受けとめられていた。『文明論之概略』は第六章と第十章「自国の独立を論ず」において、一定の「徳教」を広めることでモラルを再建しようとする動きを、くりかえし批判している。その対象になっているのは、「祭政一致」を唱える神道家・国学者と、儒学による教化をねらう漢学者であり、さらにキリスト教の導入を考えた洋学者である。福澤に言わせれば、そうした「徳教」の構想は、すでに「文明」がある程度は進んでいる当時の日本には、まったく適しないどころか、人々の精神の働きを束縛する効果しかもたない。

もちろん福澤にとっても、「徳」は「智」と並ぶ人間精神の重要な要素であり、両者がともに進歩してゆくことが「文明」の内実をなす。しかし、従来の日本人は儒学・仏教・神道の考えに囚われ、堅い身分制によって精神を束縛されてきた。むしろ「智恵」をしっかりと発展させ、それを通じて「徳」の及ぶ範囲も広げてゆくことが、これから「文明」を進めるためには重要だと説いたのであった。

†文明の「極度」

福澤の考えでは、当時の西洋諸国も、「文明」の程度に関しては日本や「支那」よりも進んでいるとはいえ、まだ「文明」の頂点に達してはいない。日本の従来の歴史を前提とした上で、国民全体が「文明」へと進歩してゆく道を探ること。それが『文明論之概略』で福澤が追求した課題であった。

しかしここで、さしあたり現状では西洋諸国がもっとも高度に進んでいる「文明」のありさまと、進歩の頂点にある「文明」の理想との関係が問題になるだろう。『文明論之概略』のなかで福澤は、智と徳の双方があいまって向上していった結果に生まれるはずの、「文明」の「極度」の状態について語っている。それは、いっさいの闘争がやみ、「世界の人民は、あたかも礼譲の大気に擁せられて、徳義の海に浴する」(第七章)という境地に全世界が至っている「太平」の調和世界であった。福澤の考える「文明」の進歩は、決して国家の富強化にとどまるものではなく、究極にはこうした平和な世界をめざす努力として思い描かれていた。

その反面、人類の歴史がまだそうした「太平」にはほど遠い状態にとどまっていることにも、福澤は注意を強くうながしている。先にふれたとおり、最終章である第十章の表題は「自国の独立を論ず」にほかならない。福澤はそこで、西洋諸国の東アジアへの経済進出を警戒し、日本の「独立」を維持する必要を説く。福澤の考えでは、それはあくまでも「自由の気風」によって、人々それぞれの「独一個の気象」(individuality の訳語)すなわち個人の独立の意識が育つことで確立する、「国民」どうしの水平な紐帯の意識に基づいた、一国の独立でなくてはならない。

だが同時に福澤は第十章の末尾で、「文明」の現段階において一国の独立の維持のためには、「國體論」も「耶蘇聖教の論」も「儒者の論」も、「報国心」を補強する「方便」としては用いるべきだと説く。先にふれた、「事物の軽重大小を問わず」利用しながら精神の「働」を「活潑」にさせるという「文明」観が、こうした一種の便宜主義を可能にしたのである。柔軟な論理であるが、しかしどこかで「文明」の「極度」の理想を投げ捨てているようにも見える。そこが、この書物だけでなく、福澤諭吉という思想家の評価を複雑にしてしまう点なのであろう。

（松沢弘陽校注『文明論之概略』岩波文庫、一九九五）

＊福澤諭吉の思想については、筒井清忠編『明治史講義【人物篇】』（ちくま新書、二〇一八年）所収の拙稿「福澤諭吉――「文明」と「自由」」も参照されたい。

20 中江兆民『三酔人経綸問答』

――複眼思考のすすめ

†中江兆民の墓

中江兆民（弘化四・一八四七年～明治三十四・一九〇一年）は、自由民権運動の指導者として活躍しつつ、独自の思索を展開した思想家として名高い。その墓は東京都の青山霊園にあるのだが、そのようすが実に独特である。

兆民は生前、唯物論の立場をとることを宣言し、宗教的な教説や儀式を嫌っていた。そのため、通常の墓とはずいぶん異なる形をしている。墓石はいちおう百六十センチほどの高さがあるが、とても細長く、荒削りでごつごつしている。彫ってある文字も「兆民中江先生瘞骨《えいこつ》之標」。墓という名称を避け、単に骨を埋めてある場所を示すだけのものにしたのだという。

もちろん青山霊園には、功成り名遂げた政治家や官僚の墓も多い。そうした墓はしばしば大きく、場合によっては官位や職名までも含め、故人の名前をくっきりと表示して、のちの時代の人に対して生前の功績をいかにも誇るかのようである。これに対して兆民の墓は、うっかりすると見落としてしまいそうに細い。石で造られてはいても、やがて朽ち果てる木柱のような雰囲気がある。本人の希望としては、この墓も年月とともに消え、どこに骨が埋めてあるのかも忘れられてしまうことを望んでいたのではないか。

兆民は明治初年にフランスに留学し、急進的なデモクラットであった哲学者、エミール・アコラースの影響を強く受けた。そしてアコラースを通じてジャン゠ジャック・ルソーの著作に親しむようになり、帰国後、明治十五（一八八二）年には、『社会契約論』を漢文によって翻訳した『民約訳解』を刊行している。そして、日本においても代表議会が中心となる政治体制を実現しようとめざして、新聞や雑誌に健筆をふるい、みずから政治家となって奔走したのである。

『三酔人経綸問答《さんすいじんけいりんもんどう》』は、明治二十（一八八七）年に刊行された短い書物である。昭和四十（一九六五）年、桑原武夫・島田虔次《けんじ》の校注・現代語訳によって岩波文庫に収められ、ずっと版を重ねているから、現在では兆民の著作のなかではもっとも世に知られたものになっている。これももともとは、徳富蘇峰が主宰する雑誌『国民之友』に、その一部が最初に掲載されたものであった。当時この雑誌は、自由民権運動の有力な一派、立憲改進党を支持する立場をとっていたので、藩閥政府を批判する側に立つ著作であることは明らかだった。

兆民自身が実際に密接なかかわりをもっていたのは、立憲改進党と並びたつ党派である、自由党であった。一八八〇年代から、『東洋自由新聞』『政理叢談』『自由新聞』といった新聞・雑誌で盛んに活躍している。そして帝国議会の開設をにらみながら、やがて大同団結運動につながる動きを進めていた時期に、『三酔人経綸問答』を書いた。日本でも本格的な立憲政治が始まろうとする出発点に立って、未来を展望するところから生まれた著作だったのである。

†問答体という形式

『三酔人経綸問答』は、その題名が示すように、三人の人物による問答という形で綴られた思想書である。何日も雨が続いている憂鬱な日に、登場人物の一人、「南海先生」が気晴らしに酒を飲んでいた。そろそろ酔いが回ってきたころに、見知らぬ男性が二人、連れだって訪ねてくる。一人は洋学じこみの論理を明快に操る「紳士君」であり、もう一人は大柄で冒険ずき、軍事ずきの「侵伐家」である「豪傑君」。この三人の会話が作品中では続くが、一人が問い、ほかの人が答えるという臨機応変の対話が交わされる箇所は、あまり多くない。むしろ、三人がそれぞれに長広舌をふるった言葉を、紳士君、豪傑君、南海先生という順序で並べているような構成である。

この作品については、三人のうちの誰の見解を兆民自身のメッセージと見なすべきかと問われたり、兆民自身の思想の多面性を示したのではないかという指摘がなされたこともある。そのさいによく注目されるのは、紳士君の見解である。紳士君は「理義の空気を呼吸」した人物として設定され、ルソーとフランス革命を礼賛して、自由と平等を旨とする「民主の制」にまっすぐに向かうのが、社会の「進化」の法則にのっとった筋道だと説く。そうした意味で、徹底した合理主義者にしてデモクラットなのである。

さらに紳士君によれば、「政事的進化の理」に基づいて「民主の制」が確立した暁には、自由・平等・友愛の原理が社会の根幹をなすことになる。したがってそこでは軍備が廃止され、各国が「民主国」となれば、世界は平和になってゆくだろう。ルソーや、イマヌエル・カントの名前を挙げながら、紳士君は世界平和の展望を語ってゆく。日本国憲法第九条の思想上の源流として評価される箇所でもある。また、『国民之友』の中心人物である徳富蘇峰が、この本の一年前に刊行した著書『将来之日本』(一八八六年)で展開した主張に似たところもある。

だが紳士君の主張が、当時の言論界にあった一派の議論をそのままモデルにしているとか、兆民自身の理想を述べたものだという具合に理解するのは、適切ではない。たとえば紳士君は、軍備を廃止して、もし他国の軍が侵略してきたさいには、その「無礼無義」に抗議しながら「弾を受けて死せんのみ」と述べる。そうして「全国民を化して一種生きたる道徳と為」し、全世界に対する模範となるべきだというのである。カントの『永遠平和のために』にも述べられていない、極端な議論である。これに対して豪傑君は、思わず「君は狂せしに非ざる乎。狂せり、狂せり」と叫ぶのであった。

つまりここで述べられている紳士君の議論は、当時の自由民権派が議会政治やデモクラシーを賛美した議論を、極度に先鋭化して作りあげた、一種の戯画になっている。「文明」の政治の追求や、「理義」に則った政治体制といった紳士君の言葉づかいには、たしかに民権運動家や兆民自身と共通するところが見られるが、全体としては実際の明治の政論とはかけ離れた極論なのである。

豪傑君の主張についても同じことが言えるだろう。紳士君が高々と唱える「理論」と、「事の実際」とは異なると豪傑君は語る。十九世紀の国際政治の現実からすれば、紳士君が理想化してとらえる西洋の「文明国」とは、みな軍備を充実させ、戦争に勝って植民地を拡大することに快楽を覚える「強国」なのである。この世界では、国を富ませることで軍備を増強し、支配圏を拡大していかないと生き残れない。ポーランドやビルマが国の独立を失なった例をとりあげて、豪傑君はそう警告する。紳士君の理想主義に対して、いわゆるリアリズムに立脚した議論と言えるだろう。

では、今後の日本はどういう方向をとるべきか。軍事攻撃によって、近隣の「一大邦」を征服すべきだと豪傑君は説く。「一大邦」が清帝国のことをほのめかしていることは、その描写から明らかである。しかも「君上」みずからが兵士をひきつれて占領に乗りだし、そのまま現地の「新大邦」の統治機構を作りあげる。他面で、「旧小邦」すなわち日本そのものは、君主制を好まない「民権家民主家」の国とすればよいと説くのである。そのことは、かつての武士からなり、暴力と軍事を好む「恋旧家」たちを日本から追放することによって、「文明」に向かう国内改革にも役立つだろう。豪傑君はそう述べて、そうした国の「癌種《がんしゅ》」の一部として、自分自身も「恋旧家」たちとともに外征事業に加わると宣言するのである。

こうした豪傑君の主張が、征韓論や西南戦争の背景となった不平士族たちや、そうした不満を背景にして、国権論と結びついた民権派運動家たちを思わせるものであることは確かだろう。だがやはりこちらも、紳士君とは対照的な極論として描かれている。そこまでの対外膨張論を唱えた論者は、当時にはおそらく実在していない。

丸山眞男は講演「日本思想史における問答体の系譜——中江兆民『三酔人経綸問答』の位置づけ」(一九七七年初出、『忠誠と反逆』ちくま学芸文庫、所収)のなかで、三人の登場人物は、実在する「何かのイデオロギー的立場」を代表しているのではないと説明している。つまり、複数の観点からの認識を突き合わせることで、読者に問題の深さを考えさせる。そうした効果をねらった問答体なのだと理解するのである。おそらくそう見るのが妥当なのだろう。同時にまた、この構成には、兆民自身の政治的に成熟した思考が反映されているのだと思われる。

†「南海先生胡麻化せり」

未来の理想へと直進する紳士君と、過去の武士たちの情熱に固執する豪傑君と、対照的な二つの極論に対して、南海先生はいわば中庸を説く位置にある。それは、この人物のみが「先生」と呼ばれ、年長者として設定されているところからしても、ある種必然の性格づけであろう。

南海先生は、進化のコースは一直線のみだとする紳士君に対して、そのコースは各国の歴史上の背景に応じてさまざまだと唱える。アジア諸国においては、「専制」からいきなり「民主の制」に移行するのは混乱を招くのみである。そうではなく、まず国王と宰相が人々に「自由権」を与える「恩賜的の民権」によって「立憲制」を確立することから始める。そこでは上からの主導によって、貴族院を含む二院制の議会が設立され、ゆっくりと自由化が進められる。そうして民権の思想が人々のあいだに浸透したのちに、英国やフランスと同様の、「恢復的の民権」に基づく体制へと、歩を進めるべきだと説く。

こうした南海先生の議論は、『三酔人経綸問答』の執筆当時、また帝国議会の開会ののちに兆民自身がとった路線に近いとは言えるだろう。その点では、この本全体の結論であるとともに、兆民自身の主張を述べたものとも見えるのだが、そうした読解を許さないところがある。先に述べた南海先生の構想を述べた頁の欄外には、何者かによるコメントが印刷されている。「南海先生胡麻化せり」。すなわち、一見したところ結論のような南海先生の主張も、テクストの語り手によって相対化されてしまう。現在の政治や一国の文明化を論じるための視点が多様でありうることを、テクストの構造そのものによって示す。そうした技法によってこの作品は、刺戟的な「問答」を読者に紙上体験させるものになっている。

（桑原武夫、島田虔次訳・校注『三酔人経綸問答』岩波文庫、一九六五）

21　徳富蘇峰『将来之日本』
――「新日本」への道

†徳富蘇峰の存在感

二〇一六（平成二十八）年の秋、熊本地震の被災地を訪ねる機会があった。益城町《ましきまち》、震源地の近辺にある潮井《しおい》神社には、七十センチも隆起した断層が現われ、石段が破壊されていて、震度七の地震の怖ろしさが身に迫ってくる。そして同じ境内に「蘇峰先生誕生地」の碑が建っていることに気づいた。一九三三（昭和八）年、当時には評論家・随筆家・ジャーナリストとして大御所のようになっていた徳富蘇峰（文久三・一八六三年〜昭和三十二・一九五七年）が故郷を訪れたとき、地元の有志によって建立されたもの。

蘇峰と言えば、熊本の大江村で大江義塾を開いたことが印象に残っていたが、母方の実家、矢嶋家が益城町にあり、そこで生まれたのである。蘇峰の父、徳富一敬《いっけい》は横井小楠の弟子であり、母の妹も小楠に後妻として嫁いでいる。小楠が晩年をすごした熊本市内の沼山津は益城町に隣接しており、その旧居であった熊本市立横井小楠記念館も、この地震で大きな被害を受けた。そんな地理上の関係も、現地に行って実感できたのである。

現在、近代史に関心のある向きを除けば、徳富蘇峰の生涯や業績について知っている人は、あまり多くないだろう。だが、明治の思想家のなかでは息長く読み継がれている部類に属する。その業績を顕彰する公益財団法人「蘇峰会」は熱心に活動を続けているし、その著作も、大著『近世日本国民史』の一部などわずかではあるが、文庫本でいまでも入手できる。近年には生誕百五十周年を記念した杉原志啓・富岡幸一郎編『稀代のジャーナリスト 徳富蘇峰 1863―1957』(藤原書店、二〇一三年)という立派な論集も刊行された。福澤諭吉や内村鑑三には及ばないにしても、読書界での存在感をしっかりと保っている。

蘇峰の著書の数は、生涯で三百冊をこえるという。しかしそのなかで、支那事変下の時局刊行物である『昭和国民読本』(一九三九年)を別にすれば、もっとも読まれた作品が『将来之日本』(一八八六年)である。刊行時に蘇峰はまだ二十四歳の若さであった。田口卯吉が主催する経済雑誌社から刊行され、たちまちに増刷されて、再版の序文は中江兆民、三版の序文は蘇峰の同志社での師であった新島襄と、当時の大物の知識人たちが寄せている。若い世代の論者の鮮烈な登場であった。

蘇峰は熊本洋学校をへて京都の同志社英学校で学んだのち、熊本へ戻って大江義塾を開く。開塾のときは二十歳。自由民権運動の熱気が及ぶなかで、同世代の青少年たちとともに学び、活発に議論していた。そして『将来之日本』を刊行したのである。この本が好評だったのを受けて蘇峰は本格的に上京し、民友社を設立して雑誌『国民之友』、さらに新聞『国民新聞』を創刊する。明治時代を代表するジャーナリストの位置につき、民友社からは山路愛山や竹越三叉といった文筆家たちも輩出して、政論・歴史論に健筆をふるうこととなった。

『将来之日本』の基礎になっているのは、ハーバート・スペンサー、ジョン・ブライト、トマス・B・マコーリーといった、大江義塾で塾生とともに読んだ英国の哲学者・政論家・歴史家の著作である。だが本文の末尾には、横井小楠が詠んだ漢詩の一節が引用されている。それは徳川末期から明治時代に至るまで目まぐるしく変化した熊本の思想状況を、そのままに反映した書物でもあった。

†「新日本」への扉

『将来之日本』の冒頭で蘇峰は、当時に至るまでの十数年間における日本の変貌ぶりは、人類史上に類を見ないほど、予想をこえた規模で、急速に進んだと指摘する。三十年前は

「気息奄々《えんえん》」たる状態にすぎなかった日本の「文明」が、たちまちに西洋諸国のあとを追いはじめ、いまでは西洋と競争しようとする勢いにまで至っている。その変化の激しさを、蘇峰はこう表現する。

若シ試ニ徳川将軍家斉《いえなり》公全盛ノ時ニ死シタル江戸ノ市民ヲシテ今墓中ヨリ呼ヒ起シ銀座街頭ノ中央ニ立タシメヨ。其街傍ニ排列スルノ家屋。其店頭ニ陳列スル貨物。其街上ヲ往来スルモノ。其相話シ相ヒ談スルモノニ就キ。之ヲ見セシメヨ。彼等ハ如何ニシテモ之ヲ以テ彼等ノ所謂ル江戸ナラントハ夢ニダモ解スル能ハス。恰モ彼ノ夢想兵衛カ飄々然トシテ紙鳶《しえん》[＝凧]ニ跨リ天外万里無何有ノ郷[＝何もない土地]ニ漂着シタルノ想ヲナスナラン。(引用は植手通有編『明治文学全集34　徳富蘇峰集』筑摩書房、一九七四年による)

「家斉公全盛ノ時」は、文政年間としても刊行当時からは六十年ほど前にすぎない。そのころに生きた「江戸ノ市民」がもしいま甦ったなら、銀座の洋風建築が並ぶ風景と、そこを歩く人々のようすを見て、同じ町とはとても思えないだろうというのである。それだけ、明治時代に入ってからの社会の「進歩」は急速だった。この「江戸ノ市民」のたとえには、大江村から上京したときの青年蘇峰の驚きも反映しているかもしれない。

この変化のなかで、廃藩置県を通じて「封建社会」は「転覆」した。国会の開設も四年後に迫っている。もはやかつての身分制は解体して、「士族」と「平民」とが同じ地位に並ぼうとしている。蘇峰はここで徳川時代までの日本を「旧日本」、明治に入ったあとの時代を「新日本」と呼んで、くっきりと区別する。

この「新日本」は、蘇峰だけでなく、民友社に集《つど》った若い論者たちの共通の常用語であった。福澤諭吉のように、「御一新」のときにはすでに世に活躍する大人になっていて、時代の転換を経験し、「一身にして二生」を経験したという自己認識をもつ世代とは異なる。蘇峰らは、すでに「新日本」が始まった時代になってから物心がついて、成長していった、新しい青年たちである。「新日本」は、かつての士族の気風を引きずった旧世代に対する、新世代による宣言の決まり文句であった。

しかも、風俗がきらびやかになり、経済が豊かになり、人々のあいだの境遇の平等化が進むのは、日本だけの特殊な現象ではない。ハーバート・スペンサーやジョン・ブライト、そしておそらくアレクシ・ド・トクヴィルの著作を参考にしながら、蘇峰はこの現象が全人類にわたる「社会」の「進歩」の法則に基づくものだと説く。

一言で言えば、軍事中心の社会から、経済中心の社会へ。前者は「武備機関」が秩序を支える中心となって、「威力」による支配と身分制によって厳格に統制されている。しかし後者は「経済世界の法則」に則って商工業の競争が活発に行なわれ、人々が自由に結合する「平等主義」の社会である。そして前者から後者への移行に伴って、国どうしが戦争を通じて生存競争を繰り広げる「腕力世界」から、貿易によって相互依存が進む「平和世界」へと、国際社会も変化してゆくのである。

ここでの蘇峰の見立てによれば、十九世紀のヨーロッパではすでに「平和世界」への移行が進み、「平民主義」すなわちデモクラシーの勢力が拡大を続けている。日本においても廃藩置県によって武士の支配権力が一掃された結果として、「生産主義」「平民社会」へ変わってゆく条件が整っている。いまこそ、旧来の「武備機関」の論理を継承した「国権論」や「武備拡張主義」に対する戦いを進め、日本を真に「新日本」へと改革しなくてはいけない。それが「将来ノ日本」に求められる姿であった。

†「田舎紳士」のゆくえ

新しい「平民社会」「平民主義」を支える重要な制度として、やがて開設される国会を蘇峰が考えていることは、『将来之日本』における言及から明らかであろう。だが、その時にデモクラシーの主体としてどういう人々を考えているのか、この本の記述からは明らかでない。その点を蘇峰は二年後に『国民之友』に連載した「隠密なる政治上の変遷」と題する論説で明らかにしている。『将来之日本』においてもすでに、士族を中心とする自由民権運動について、それが「武備機関」におけるモラルに支配され、ややもすると「国権論」へむかってしまう傾向を批判していた。この論説ではさらに論旨を進めて、民権運動家の粗暴で反動的な「士族根性」を詳しく批判している。

そして、士族に代わる政治の主体として蘇峰が提示したのが「田舎紳士」であった。彼らは、地方に土地をもち、農業と商業をなりわいとする、いわゆる名望家である。徳川時代から村役人として地方自治の経験を積んでおり、明治に入ってからは県会議員として活躍する者も多いので、人民の権利をしっかり守る気風と、社会全体のことに責任をもつ知見との両方を備えている。彼らが「中等民族」として分厚い層となり、「生産世界」の自律を支えながら政治に参与すること。それが、「我が日本の新たな蘇生」を進める大きな力になる。蘇峰はそう論じた。

明治時代後半からの社会主義運動の登場を知っている現代人からすれば、いかにもブルジョア的、微温的な政治改革論に思えるかもしれない。だが『将来之日本』で「平民社会」への転換の事例として強調するのは、アダム・スミスの自由市場論とともに、十七世紀英国の三王国戦争、いわゆるピューリタン革命であった。今井宏『明治日本とイギリス革命』（ちくま学芸文庫、一九九四年）――復刊が望まれる名著である――によれば、議会と国王、自由と専制、ホイッグとトーリーといった二分法で事実を整理し、前者が後者を克復する進化の過程として歴史を語るのは、マコーリーに代表される「ホイッグ史観」の特徴であった。蘇峰は『将来之日本』で、この二分法の論理を日本と人類全体の歴史に拡大適用しているのである。

いわゆる明治維新について、蘇峰の前作であるパンフレット『自由、道徳、及儒教主義』（一八八四年）では「維新大革命」という名で呼んでいる。『将来之日本』でも当初は「維新革命」であったが、過激な言い回しを避けて「維新改革」に代えたのだという。「維新革命」という表現は、その後も民友社のメンバーでは竹越三叉の著作に見えるから、「新日本」と並んで彼らの常用語だったのだろう。

「維新革命」による「新日本」への改革は、「旧日本」の残存勢力である藩閥官僚と民権運動家によって、不十分なものに終わっている。今こそ、第二の「革命」を通じて本当の「新日本」への転換を。――よく知られているように、のちに蘇峰は日清戦争と三国干渉をきっかけにして、日本の軍事的「膨脹」を支持するように変わり、藩閥政治家との結びつきを強めてゆく。しかし『将来之日本』には、そうなる前の、国会開設に対する期待に溢れた時代の熱気が、そのままに保存されているのである。

（植手通有編『明治文学全集34　徳富蘇峰集』筑摩書房、一九七四）

22 「教育勅語」――国民道徳と天皇

†家永三郎の証言

教育勅語を日本思想の「名著」としてとりあげると言えば、驚かれるむきもあるかもしれないが、その思想を現代に復活させるべきだと主張したいわけではない。教育勅語を一個の思想作品と考えるならば、明治時代のそれとして、もっとも多くの人に読まれたものであることは疑いえない。さらにまた、その内容が多くの論争を呼んだり、政治的主張に使われたりしたことを考えれば、思想史上の重要なテクストという意味で「名著」と呼んでもいいだろう。

家永三郎（一九一三・大正二年〜二〇〇二・平成十四年）は、一九五〇年代以降、戦後の民主主義と平和主義を擁護する言論を展開し、歴史教科書の検定をめぐって文部省と争ったことで知られる歴史家である。しかしその家永が、終戦直後の時期には教育勅語を高く評価する立場をとっていたことを、元号が平成になってから書いた文章「教育勅語をめぐる国家と教育の関係」(『日本近代思想大系6　教育の体系』付録月報、岩波書店、一九九〇年)で回想している。

教育勅語が、明治政府で法制局長官を務めていた井上毅《こわし》と、明治天皇の教育係であった儒学者、元田永孚《もとだながざね》とが協力して起草したものであったことは、すでに戦前から世に知られていた。そのさい、元田の構想は「国教」を打ち立て、公教育を通じて儒学の思想を人々に教えこもうとするものであったが、井上がこれに鋭く対立する方針を示していたことに、家永は注目し、その点に高い評価を与えていたのである。

起草にあたるさいの井上の基本的な立場は、山縣有朋《やまがたありとも》に宛てた書簡(一八九〇年六月二十日)で述べるところによれば、「今日之立憲政体之主義に従へば、君主は臣民之良心之自由に干渉せず」というものである。政府が一つの宗教や哲学を国民に対して教えこみ、その「良心之自由」をふみにじることは、近代的な憲法によって立つ「立憲政体」にあっては許されないと井上は考えた。したがって教育勅語は、天皇が道徳の標準を「臣民」に対して示すものではあっても、「政事上の命令」ではなく、君主の個人的な「著作広告」という位置づけで発布されるのでなくてはいけない。実際の教育勅語の下付の手続きは、井上の構想とは異なって通常の勅語と似たものになったが、国務大臣の副署が施されていない点で、天皇の個人的な著作という性格づけを残していたのである。

さらに家永は、勅語が「臣民」の男性の従軍義務を説いた「一旦緩急アレハ義勇公ニ奉シ」の文句は、中江兆民による哲学概説書『理学鉤玄《りがくこうげん》』（一八八六年）から井上が採ったのではないかと推測する。この点はその後の研究では支持されていないが、兆民が同時代のフランスの哲学書に基づいて『理学鉤玄』を書いたのと同様に、井上もまたフランスの国民道徳書を参考にして、勅語の草案を執筆したことは確かであろう。当時、国民の国家への忠誠を説くことは、武士道のような古い思想に由来するものではなく、むしろ、近代国家として当然の要請と考えられていた。

つまり家永は、立憲主義や国民の忠誠心といった、近代的な思想の要素を背景としながら教育勅語が作られたことに注目し、その側面に関して勅語を評価したのであった。もちろん実際に作られた勅語の成文は、元田永孚による「国教」教化の立場をも色濃く反映したものであり、近代的な路線が貫ぬかれたわけではない。しかしこの家永の指摘が、教育勅語に関して見落とされやすい重要な特徴を指摘していることはたしかだろう。

†「國體」と徳目

もちろん、現代の読者がこの勅語を読んだ場合、まず感じるのは家永が指摘した近代性ではなく、その思想内容の古臭さであろう。元田は朱子学者であり、井上はフランスに留学して西洋の法学を学んでいるが、どちらも徳川時代の後期水戸学の著作を若いころから読んでいたと思われる。水戸学に似た天皇観が、その冒頭の一句に示されている（便宜上、句読点を加えて引用する）。

朕惟《ちんおも》フニ、我カ皇祖皇宗、国ヲ肇《はじ》ムルコト宏遠ニ、徳ヲ樹《た》ツルコト深厚ナリ。我カ臣民、克《よ》ク忠ニ克ク孝ニ、億兆心ヲ一《いつ》ニシテ世々厥《そ》ノ美ヲ済《な》セルハ、此レ我カ國體《こくたい》ノ精華ニシテ、教育ノ淵源亦《また》実ニ此《ここ》ニ存ス。

教育勅語の準公式注釈書である井上哲次郎『勅語衍義《えんぎ》』（一八九一年）によれば、ここで「皇祖皇宗」とあるのは、神武天皇から始まる歴代の天皇たちのことを指す。諸外国とは異なって、この日本は、神武天皇による建国以来、神の子孫である天皇が代々国の統治にあたるのであり、統治の中心がほかの家系やほかの社会勢力に移ることはない。これは水戸学や国学が徳川時代に盛んに唱えた考えであり、教育勅語の前年に発布された大日本帝国憲法もまた、この教説を国家権力の正当性の根拠に置いていた。

忠と孝とを、国民の伝える精神の特色として挙げているのも、水戸学における「忠孝一致」の議論を想起させる。ここで忠はあくまでも天皇に対する忠誠心に限定されている。「臣民」の家系は、どの家も先祖をたどれば古い時代に天皇に仕えた臣下に行きつくのであるから、その子孫が現在の天皇に忠誠を尽くすことは、先祖の志を継承するという意味で孝の実践にもなる。この考え方を『勅語衍義』が示しているわけではないが、忠と孝との列挙をそうとらえた読者は少なくなかっただろう。

だが、「國體ノ精華」という表現に見える「國體」の語は、會澤正志斎の著書『新論』(一八二五年)を根拠として流布した「國體」像とは異なっている。この本の冒頭で正志斎は、皇室が永遠に続き、代々この国を統治するというあり方を「國體」と呼んだ。これはのちに、治安維持法(一九二五年)の適用においても、条文に見える「國體」の具体的な意味として採用された定義でもある(大審院判決、一九二九年五月三十一日)。

これに対して教育勅語の「國體」は、統治のあり方を具体的に示すような言葉ではない。井上哲次郎によれば、これはあくまでも「教育ハ必ズ其国民ノ歴史、習慣、性質等ニ従ヒテ之レヲ施サザルベカラズ」という考えと関連するのであり、「國體」は、単にその国独特の特質という意味にすぎない。教育勅語には公式の英語訳が作られているが、そこでの「國體」の訳は"the fundamental character of Our Empire"であった。ここで「國體」の語が用いられているからと言って、その言葉によって天皇による支配体制を神秘的に正当化するような意図は、起草者たちにはなかったのである。

†徳目と「斯ノ道」

教育勅語全体の眼目をなしているのは、先に紹介した冒頭部分のあと、「臣民」がしっかりと実践すべき徳目を列挙した箇所である。「父母ニ孝ニ」に始まり、兄弟関係の「友」、夫婦の「和」、朋友の「信」、「恭倹」、「博愛」と続いてゆき、最後には先にふれた「義勇公ニ奉シ」に至る。父母に対する孝を最初におき、人間関係の類型ごとにそのなかで実践すべき徳を並べてゆくのは、儒学の発想に見られた特色である。教育勅語の発布当時、福澤諭吉はこれを政府による「儒教主義」の強制ととらえ、個人の独立の理想をふみにじる旧来型のモラルだとして、きびしく批判したのであった。

自由民権運動などによる秩序の混乱をおしとどめ、人心を統合する手段として教育勅語は構想されていた。そのために徳目を初等教育を通じて人々の心にしっかりと埋め込み、天皇を頂点として全体が調和する秩序を作り上げること。勅語の起草者のうち元田永孚の場合、これは明確に明治以来の西洋風の学校教育に対する対抗策として構想されていた。その意味で教育勅語は反動的な色彩を帯びたものだったのである。

しかし同時に、元田が本来考えていた儒学の「国教」化とは異なるものになっていることも、またたしかであった。儒学の五倫の徳目においては「長幼の序」とされているものが、教育勅語においては兄弟の「友」である。また、儒学では「夫婦の別」として、夫は社会に出て活動し、妻は家の中をとりしきるという分業関係が当然のものとされている。これに対して教育勅語では「夫婦相和シ」である。男女平等論とまでは言えないものの、強調されるのは夫婦のあいだの和合である。

さらに、教育勅語は末尾の部分で、こうした徳目を「斯《こ》ノ道」としてまとめ、こう語っている。

斯ノ道ハ実ニ我カ皇祖皇宗ノ遺訓ニシテ、子孫臣民ノ倶《とも》ニ遵守スヘキ所、之ヲ古今ニ通シテ謬《あやま》ラス、之ヲ中外ニ施シテ悖《もと》ラス。朕、爾《なんぢ》臣民ト倶ニ拳々服膺《けんけんふくよう》シテ咸《みな》其徳ヲ一ニセンコトヲ庶幾《こひねが》フ。

こうした諸徳目は「皇祖皇宗ノ遺訓」であるが、それは同時に「中外ニ施シテ悖ラス」、すなわち全世界に普遍的に通用するモラルだというのである。そしてまた、天皇自身も「臣民」とともに「拳々服膺」して、「斯ノ道」の実践に努めるという決意が述べられている。ここでは明らかに、普遍的な「斯ノ道」が天皇よりも上位に存在するのであり、天皇もまたそうした普遍的なモラルに従う義務を負っている。この語句は井上毅の草案に由来すると考えられるが、立憲主義の体制において統治者が憲法によって拘束されるのと同様に、「斯ノ道」が天皇の行為を制限することを、示そうと考えたのではないか。

しかしこのような普遍主義の側面や、君主権力の制限につながる要素が、教育勅語の理解として学校などで教えられることは、まずなかった。小学校の祝日の儀式で朗読されることはあっても、その意味の解説は行なわれなかったのである。やがて昭和戦前期に入ると、教育勅語を生徒に暗誦させることが一般化する。そのさい同時に強調されたのは、先に見た水戸学流の「國體」像に基づいて天皇を神秘化し、絶対的な忠誠を説く国民道徳論や日本精神論であった。皮肉なことに、井上が拒否しようとした「国教」の聖典として、人々の心に刻みつけられる結果になったのである。

（八木公生『天皇と日本の近代』上下、講談社現代新書、二〇〇一）

IV

23　吉野作造「憲政の本義を説いて其有終の美を済すの途を論ず」

――リベラリズムのゆくえ

†「民本主義」者という誤解

大正時代の思想界で、デモクラシーの実現を熱心に唱えた政治学者、吉野作造（明治十一・一八七八年～昭和八・一九三三年）の代表作は「憲政の本義を説いて其《その》有終の美を済《な》すの途《みち》を論ず」（『中央公論』一九一六年一月号）である。この論文については、高校の日本史教科書でほとんど必ず言及され、史料として引用されているので、知っている人も多いだろう。

この論文の初出誌の広告が、東京朝日新聞の一九一五（大正四）年十二月二十六日号に載っている。この前後、『中央公論』の広告は毎月のはじめに掲載されているから、通常は毎月初旬に発売し、新年号のみは前年の十二月末に店頭に並べて、読者が正月休みに読むために買うようにしたのだろう。そうすると、二〇一五年が百周年にあたることになる。当時の思想界に与えた影響の大きさを考えれば、日本のデモクラシーの百周年と言ってもよいかもしれない。

しかし百年のあいだ、この「憲政の本義」論文がきちんと理解されていたかと言えば、とても疑わしい。のちに吉野自身が「民本主義鼓吹時代の回顧」（一九二八年）で「表題も長いが紙数も百ページにあまる、あのころとしては珍しい長い論文」と述べているように、一篇で薄い文庫本一冊分になるような量の作品であった。恐らくはその長さが災いして、まっとうな理解を妨げてきたのである。

たとえば、先の章でも引用した高校日本史教科書は吉野について、「憲政の本義」論文を紹介しながら、こう記している。「民本主義はデモクラシーの訳語であるが、国民主権を意味する民主主義とは一線を画し、天皇主権を規定する明治憲法の枠内で民主主義の長所を採用するという主張」。この教科書は大日本帝国憲法を「天皇主権」と解している。そのの憲法に妥協して、国民主権を説くのを避けた不十分なデモクラット。そういう「民本主義」者として吉野を紹介する。社会主義者、山川均がコミュニズムの立場から「憲政の本義」論文を批判して以来（「吉野博士及北教授の民本主義を難ず――デモクラシーの煩悶」一九一八年）、連綿と続いている、左派からの吉野批判の論理である。

たしかに「憲政の本義」論文の前半部で吉野は、こうした「民本主義と民主主義との区別」を述べ、国民主権を意味する「民主主義」は採らずに、「民本主義」の実現をめざすべきだと説いている。だがこの主張は、吉野がみずからのデモクラシー論の中心として強調したものではないし、当時にあって目新しい議論でもなかった。

吉野自身、先にふれた回想文のなかで、ここに見える「民本主義」の語に特にこだわったわけではなく、それ以後の著作では率直に「民主主義」とも書いてきたと指摘している。実際、同じ回想に見えるように、「民本主義」の語は、ジャーナリスト、茅原《かやはら》華山が一九一二（明治四十五）年五月の新聞紙上で、国会中心の政治と政党内閣制を唱えるさいに作った言葉であった。そして、吉野の東京帝国大学法学部での同僚であった憲法学者、上杉慎吉がその言葉を採用して、国民主権の「民主主義」ではなく、国民の利福を政治の目的とする「民本主義」ならば、日本の「國體」や帝国憲法の趣旨とも合致すると説いたのである（「民主主義と民本主義」一九一三年）。

上杉の「民本主義」論は、君主が父母のように民の面倒を見て、彼らが安らかに生活できるように配慮することを統治の目的と説く、儒学の発想に基づいている。これに対して吉野が「憲政の本義」論文で「民本主義」の原理として説くのは、「主権者は須《すべか》らく一般民衆の利福並に意嚮《いこう》を重ずるを方針とす可し」という、近代における「憲法の精神」である（『吉野作造選集』第二巻、岩波書店、一九九六年、三〇頁。以下この論文については引用箇所の頁数を記す）。ここで吉野が重きを置いたのは、政策の内容として民衆の「利福」を目的とするだけではなく、民衆自身の「意嚮」こそが政治を動かすのでなくてはいけないという点である。

「少数の賢者」が政治権力を独占し、民の「利福」を実現するという伝統的な発想は、「人民の智見」が発達した二十世紀では、もはや維持できない（四八〜四九頁）。民の「利福」を目的とするという点では上杉に同意するが、しかしその高尚な目的が「少数政治」の口実に用いられてはならない。そう吉野はきびしく批判したのである。これに対して先の高校教科書が吉野の思想として紹介する内容は、むしろ上杉の主張と重なるものにほかならない。

†解釈改憲のすすめ

そもそも実は、大日本帝国憲法が「天皇主権」を規定したという理解が、厳密に言えば正確ではない。その第一条の規定は「万世一系ノ天皇之ヲ統治ス」であり、第四条では天皇が「統治権ヲ総攬《そうらん》」すると定めていて、「主権」の語は用いていない。そのことは、起草にあたった井上毅が、実力によって支配する西洋の君主制とは異なって、日本の天皇は

「徳」を発揮しながら治める、「しらす」という姿勢を伝統としているという理解に基づいていた。この「しらす」姿勢を「統治権」の語で言い表わしたのである。

しかし、憲法理論として説明するためには、この憲法で主権者はどこに求められるのか、位置づけを示さなくてはいけない。そこで上杉慎吉は師であった穂積八束《ほづみやつか》の学説を継承して、天皇が主権をもつと説明したのであった。他面で、天皇・政府と人民の双方を含みこむ「国家」に主権があるとし、天皇の権威を相対化するリベラルな憲法学説も、美濃部達吉に見られるように、大正期には有力になっていた。

この主権問題について吉野作造はどういう立場をとっていたか。「憲政の本義」論文で吉野は「初めから君主國體たることの明白なる我国」（三〇頁）と述べて、いちおう天皇主権説を標榜する。だが議論の重点は「君主國體」を正当化することにはなく、「憲法の解釈上毫も民主主義を容るべき余地がない」（二七頁）と、「人民主権」と解釈するのは不可能だという主張にある。実際、帝国憲法の規定では改正の発議に国民がかかわることができない以上、国民主権を実現するには、暴力革命による政府の転覆しかありえない。帝国憲法を前提として民主化を進めるためには、国民主権を否定するのが当然の選択だった。

むしろ、デモクラシーの実現のためには、憲法の条文の解釈になどこだわらず、その柔軟な運用を心がけるべきだと吉野は説いている。「憲法法典の条項は法律学者に取つては成程唯一の大事な典拠であらう。然し憲法政治の成果其物を大事とする我々国民に取っては、条項よりも実は寧ろ其精神が大事なのである」（二一頁）と、憲法の「精神」にのっとって条項を「活用」することを吉野は唱え、「民本主義は政治上の主義であつて法律上の説明ではない」（四四頁）と言い切った。

「憲政の本義」論文が、この近代憲法の「精神」の実現として具体的に唱えるのは、議院内閣制の導入と普通選挙制の実施を通じて、民衆の「意嚮」が政治を動かすデモクラシーのしくみへと、政治体制を改革することである。これに対して帝国憲法の字句に適合していればそれでよいとするならば、議会に基盤をもたない超然内閣も正当化されてしまうだろう。そうした「非立憲的」な発想は「憲政の運用に於ては断じて之を非認せねばならぬものである」（八六頁）と吉野は説く。極端に言うならば、憲法の条文解釈の整合性にはこだわらずに、デモクラシーの原理を活かすよう、「政治上の主義」によって大胆な改革にふみきること。そう説いた点で、吉野は尖鋭な解釈改憲論に立っていた。

†ポピュリズムをこえて

「憲政の本義」論文が、山川均のような左翼の論者の憤激を買った原因は、「人民主権」の立場をとらなかったことよりも、そこで「代議政治」の確立を唱え、議会を介さない民衆の直接参加に否定的な姿勢を示していたことであろう。吉野はこの論文の後半で、サンディカリスムの直接行動論を批判し、代議制の欠点を補うための人民投票の導入にも、冷たい態度をとっている。

吉野の考えでは、「衆愚の盲動」によって政治が支配されるのは健全なデモクラシーとは言えない。「多数支配」を旨とはしても「多数専制」であってはならず、選挙を通じた民衆の政治参加と、指導する政治家の「貴族主義」「英雄主義」との双方のバランスをとることを通じて、「憲政」は完全になるのであった（五二頁）。現代風の言い方をすれば、ポピュリズムを批判し、選挙と議会政治を再び活性化させることを通じて、代表制デモクラシーの危機を乗りこえようとしたのである。

「多数専制」についての吉野の短い言及には、十九世紀にジョン・ステュアート・ミルやアレクシ・ド・トクヴィルが展開した議論が影響を及ぼしているだろう。ここには、「民本主義」者としてのイメージによってはとらえつくせない、リベラリストとしての吉野の側面がかいま見える。「憲政の本義」論文では、選挙の前提として「思想の自由」「言論の自由」の確保を説いているが、そのさいに政府による自由の圧迫よりも、「民間の圧迫」の方が厄介なものだと述べ、乃木希典《のぎまれすけ》の自刃のさい、それに疑問を挿んだ論者が国民から攻撃を受けた例を挙げている（六九頁）。

日露戦争後の講和反対運動や、大正政変、シーメンス事件など、明治末期から大正初期は大衆の激しい政治運動が吹き荒れた時代であった。吉野はそうした過激な民衆運動には一貫して批判の立場をとって、そのことがまた左派の論者からの格好の攻撃材料となっていた。だがその背後には、「衆愚の盲動」に対する嫌悪にはとどまらない、「多数専制」が個人の自由を抑圧することに対する、原理的な拒否が働いていたと思われる。

また、「憲政の本義」論文が「忠君の思想」と「民本主義」とは両立すると説くさいの議論もおもしろい。吉野はそこで、天皇に対する「忠君」を法律によって強制する必要はないと述べるのであるが、「事実国家が国民に多少の度を超えたる犠牲を要求する場合に、之に応ずべきや否やは、国民の道徳的判断に一任することにしたい」(三九頁)とつけ加える。思想上の抑圧に対する、不服従のすすめである。「憲政の本義」論文は、日本のデモクラシーの出発を画するとともに、リベラリズムの古典とも言うべき名著であった。

(『憲政の本義――吉野作造デモクラシー論集』中公文庫、二〇一六)

24　平塚らいてう『元始、女性は太陽であった』
――フェミニズムの夜明け

†『青鞜』発刊の辞

「元始女性は太陽であった」。女性解放運動の先駆者として知られる作家、平塚らいてう（一八八六・明治十九年～一九七一・昭和四十六年）が、雑誌『青鞜《せいとう》』の出発にあたって、創刊号（一九一一・明治四十四年九月発行）に寄せた発刊の辞の題名である。その本文はこう始まっている。引用は、小林登美枝・米田佐代子編『平塚らいてう評論集』（岩波文庫、一九八七年）による。

元始、女性は実に太陽であった。真正の人であった。／今、女性は月である。他に依って生き、他の光によって輝く、病人のような蒼白い顔の月である。／さてここに『青鞜』は初声を上げた。／現代の日本の女性の頭脳と手によって始めて出来た『青鞜』は初声を上げた。／女性のなすことは今はただ嘲りの笑を招くばかりである。／私はよく知っている、嘲りの笑の下に隠れたる或ものを。

発刊の辞とは言っても長い文章で、文庫判で十六頁にわたる。このあと、フリードリヒ・ニーチェ『ツァラトゥストラかく語りき』からの引用や、「天才」をめぐるロダンの言葉がちりばめられ、いま世に唱えられる「女性の自由解放」を超えて、「真の自由解放」をめざすことが、高らかに宣言されている。

女性を「家庭という小天地から、親といい、夫という保護者の手から」解放し、「独立の生活」をさせること。高等教育を授け、「一般の職業」に就かせ、参政権を与えること。そうした通常に唱えられる「自由解放」は「手段」あるいは「方便」にすぎず、それをのりこえた「真の自由解放」を目的として目ざさなくてはいけないというのである。その「真の自由解放」が、すなわち「太陽」としての女性の真正の姿を復活させることにほかならない。

この文章が書かれて百年以上がすぎた現在に至っても、日本社会ではまだ通常の「自由解放」すら、十分に実現されていると言いがたい現状からすると、それを超えた「真の自由解放」を宣言するらいてうの言葉は、あまりに突飛なようにも見える。女性の内にある「潜める天才」を十二分に発揮させることだと説明されてはいるのだが、いかなる状態がこの「天才」すなわち「太陽」の顕現と言えるのか、いささか謎めいている。

実はこの文章を書いたときはまだ、「社会問題や婦人問題」について、書物を読んで十分に勉強していたわけではなかった。そういう驚くべき事実が、らいてうの晩年の自伝には見える。厳密には小林登美枝による聞き書き、いわばオーラル・ヒストリーとして執筆・編集された『元始、女性は太陽であった』全四冊（大月書店、一九七一年〜七三年）における回想である。

二十代なかばの若い女性たちが五人集まって始めた、女性による女性のための雑誌という初の試みである。慣れない編集・校正作業に奮闘するあいまに、発刊の辞の執筆を引きうけることになったらいてうが、一晩で書き上げたという。「まったくわたくし一人の考えで」書いたと回想しているが、五人の女性たちの、雑誌の刊行にむけたエネルギーが文章に漂う熱気を支えていることは、まちがいない。

ただ自伝のなかで、『青鞜』の創刊について語る章の末尾には、奇妙な一節がある。最初のころの号に、らいてうはエドガー・アラン・ポオの作品の翻訳を連載しているが、それは三年前、作家、森田草平と一種の心中未遂事件を起こし、それがスキャンダルとして世間に報じられたあと、信州の山の麓にある養鯉所で隠棲していたときに、書きためていた仕事であった。そのなかで短篇「黒猫」を手がけていたときのようすを、こう回想している。

「黒猫」を訳しているとき、養鯉所の母屋に大きな尾の長い黒猫がいて、それが音もなくわたくしの部屋の前を通りすぎたりするのを眺めるのは、ぞっとするほど気味の悪いものでした。むろん、猫嫌いのわたくしのそばへ、猫の寄ってくることはありませんでしたが、ほんとうに珍しく胴の長い大きな、真黒な猫でした。

猫嫌いや、ポオの作品と重なったせいもあるとは言え、このときらいてうは、「真黒」な猫の姿に、現実をこえた神秘的なものを感じている。これと同じく、「太陽」としての女性の「潜める天才」もまた、単に頭脳に備わった能力を指すだけではなく、目に見えない世界と直結する感性を指し示しているのではないか。そしてそれは、平塚らいてうという人物がもつ思想の特異さとも関連するように思われる。

†東京郊外の原風景

『青鞜』の創刊当時、雑誌の編集は、同人の一人であった物集《もずめ》和の千駄木林町の自宅で行なわれていた。平塚らいてうの自宅も、小学校時代以来、近くの駒込曙町である。森まゆみ『『青鞜』の冒険――女が集まって雑誌をつくるということ』（平凡社、二〇一三年。のち集英社文庫、二〇一七年）が指摘するように、駒込・巣鴨・千駄木といった近所に関係者が住みながら、ともに集まって始められた雑誌だったのである。

自伝『元始、女性は太陽であった』にも、らいてうの少女時代の、その近辺の風景が実に鮮やかに語られており、記憶力の豊かさを感じさせる。たとえば、目白にある日本女子大学へ、一里（約四キロメートル）の道を歩いて通っていたときの情景はこうである。当時そのあたりはまだ、水田や森が広がる郊外の田園だった。

猫又坂を下り、青田越しに向い側の森をのぞむと、朝などは遠方の竹林に白鷺がいくつも点々と、とまっていました。大塚の坂を下りながらの眺め、護国寺の赤い門、蒼い蒼い大空、雪の富士、黄葉した銀杏の大樹など――女学生時代の純な心に映った、通学の朝夕の自然の美しさ、その鮮やかさ、のびやかさは、おそらく生涯忘れ得ぬものでしょう。わたくしはこの道を、朝に夕に、新しい世界に生きるよろこびに胸を躍らせながら通いはじめたのでした。

いくぶん内向的だが、学校の成績は抜群で、女性でも学問を身につけたいという希望を内に強く抱えている少女。それが自伝で語るみずからの肖像である。その少女は同時に、周囲の世界を詳細に見つめ、その奥にあるものまでをも見通そうとする視線を備えていた。自伝の記述は、明治時代後半の東京の風物誌としても豊かな内容をもっているが、それはらいてうの目に映った世界を、そのままに再現しようとする意欲がもたらしたものであっただろう。

さらに二十世紀初頭の、自己とは何か、人間の生きる意味が何か、などといった内面の問題について煩悶する青年たちの傾向が、大学時代のらいてうにも及んでくる。高山樗牛や綱島梁川の著作を読み、キリスト教に惹かれ、やがて臨済宗の寺で坐禅に打ち込むようになるのである。そして女子大卒業の年の夏に、意識の最下層にある真実の自己と出会う、「見性《けんしょう》」を体験するに至った。そうした神秘体験への志向が、らいてうのフェミニズム思想の裏に、しっかりと生き続けることになる。

†「見性」とフェミニズム

「見性」体験のもたらした境地は、先に引いた発刊の辞にもはっきりと反映されている。女性の「潜める天才」を十二分に発揮させる「真の自由解放」について、こう語っているのである。

我れ我を遊離する時、潜める天才は発現する。／私どもは我がうちなる潜める天才のために我を犠牲にせねばならぬ。いわゆる無我にならねばならぬ。（無我とは自己拡大の極致である。）／ただ私どもの内なる潜める天才を信ずることによって、天才に対する不断の叫声と、渇望と、最終の本能とによって、祈禱に集中し、精神を集中し以て我を忘れるよりほか道はない。／そしてこの道の極《きわま》るところ、そこに天才の玉座は高く輝く。

ここで「天才」を強調するのは、偉大なる「天才」の持ち主を崇拝せよという意味ではない。それぞれの女性がみずからの心の奥底に潜む「天才」を完全に発揮することが、「真正の人」となる「自由解放」の境地にほかならない。この宣言を書いたあとで、らいてうはスウェーデンの女性解放論者、エレン・ケイの著作『恋愛と結婚』を読み、フェミニズムの社会運動・政治運動に踏み出すようになる。だがその活動を支えたのは、心の底にある「潜める天才」を発現させ、みずから「太陽」となろうとする希求であった。

いま現実にある心の動きとしての「我」を遮断し、「無我」の境地に至ることで、「潜める天才」は発現する。だがその境地が「自己拡大の極致」と表現されることに注目したい。参禅と「見性」の経験と並行して、男性との関係が始まり、森田草平との事件にも至った経緯が、自伝には赤裸々に語られている。恋愛もまた、そうした「自己拡大」の境地を得るための、いわば修養の一環なのである。

自伝には、やがて事実上の結婚をし、一九一五(大正四)年に最初の子供を出産したあと、赤ん坊とともに暮らす生活について、「この新しい生命の存在が、家のなかの空気はもちろん、わたくしの心までもこうも変えてしまうものかというおどろき」を感じたと記されている。子供に対する「かぎりないやさしい気持」と「愛らしさの思い」。この体験もまた、らいてうにとっては「自己拡大」としての「潜める天才」の回復であったと思われる。

らいてうはやがて、「母性」の国家による保護を主張して、フェミニズムのほかの論客と論争し、支那事変のころには戦争協力の言動を公然と示すことになる。しかしそこに一貫して流れていたのは、みずからの心の奥底に潜む真の自己が、他者の「生命」と合一する境地への憧れだったのだろう。

（平塚らいてう『元始、女性は太陽であった』全四冊、大月書店、国民文庫、一九九二）

25 柳田國男『明治大正史 世相篇』
――「小さな声」の歴史

†「第二の故郷」

『明治大正史 世相篇』は、一九三一（昭和六）年一月に朝日新聞社から刊行された、柳田《やなぎた》國男（一八七五・明治八年〜一九六二・昭和三十七年）の著書である。そしてその代表作と呼ばれる著書のうちでも、一番の大作と呼べる長さであり、戦後にも何度か復刊されていて、いまでも複数の版が新刊書店で入手可能である。

だがこの本については、ぜひ筑摩書房の新版全集、『柳田國男全集』第五巻（一九九八年）で読んでもらいたい。この本はもともと、朝日新聞社編と銘打って一九三〇（昭和五）年から刊行された叢書、『明治大正史』全六巻の第四巻として世に出ている。第三巻『経済篇』の巻末に添えられた第四巻の刊行予告を見ると、「編著者」である柳田國男の肩書は「東京朝日新聞客員」。当時は編集局顧問論説担当という職にありながら、自宅で研究会を開き、民俗学の研究を熱心に進めていた。

叢書『明治大正史』全体の内容見本に載った「刊行のことば」によれば、「歴史家ならざる新聞人」の手によって、「新たに明治大正を顧みて、そこに現在を貫く未来への展望を試みようとする」企画だったという(前掲の全集第五巻、佐藤健二による解題を参照)。当時は、大学アカデミズムにおける日本近代史研究も、まだ始まったばかりであり、専門講座は存在していない。天皇が代替わりし、新たな昭和の時代に入ったいま、同時代と深く関わりあうジャーナリズムの視点から、近代日本の歩みを総合的に点検したい。そうした『明治大正史』編纂の意気ごみがまた、民俗学という学問の出発と通じるものをもっていたと言える。

そして、柳田による第四巻『世相篇』は、口絵写真を何枚も本文の関連箇所にちりばめ、それぞれにキャプションをつけている。ほかの巻には見られない特色であり、柳田自身の指定による処置だったと思われ、新版全集ではその写真もすべて再録しているから、著者の意図をより十分に知ることができる。

そのうちでも、巻頭に掲げられた「第二の故郷」というキャプションつきの写真が興味ぶかい。おそらくは朝日新聞社が持っていた飛行機から、東京の郊外とおぼしき住宅街を

「第二の故郷」というキャプションで掲げられた写真（『柳田國男全集』第５巻、筑摩書房、1998年より）

撮った一枚であるが、地図と対照すると、柳田が当時新居を構えていた成城地域ではないかと思われる。道路の形がいまとほとんど同じであり、現在の小田急線、成城学園前駅とおぼしき駅も映っている。

その光景は、たしかによく見れば家々の屋根の形が旧式であり、電車と駅のようすも現代とは異なるものの、同じような大きさの住宅が整然と並んでいる形は、まるで現代の新興住宅地の広告のようである。当時は大正大震災ののち、東京の住宅地が西へと拡大しつつある時期であった。まさに現代と地続きになっている大都市の誕生と、郊外生活の成立の瞬間をとらえた一枚と言えるかもしれない。

柳田が『世相篇』の全巻にわたって強

調するのは、明治時代以降、人々が農村から都会へと出て行く「交通」が、容易になり激しくなったという変化であった。第九章「家《いえ》永続の願ひ」には、「明治の廃藩」によって士族の家がほかの地方へと転出していったことにふれて、こういう一節がある。「それ故に人が一代といふより短い期間に、活気の有る者から順々に離れ去つて、人は次々に其跡へ住み替り、たま〳〵残り住する者にも、我処《わがところ》といふ感は与へなくなつてしまつた。しかも出て行つた者の大多数も、今はまだ第二の故郷を確定して居ない」。——この言及は、まだ過渡期にあるという指摘ではあるが、明治・大正時代の社会の変化をへて、人々はいまや都市郊外に「第二の故郷」を築きつつある。それは、当時の新興住宅地に住みはじめた柳田の実感でもあったのだろう。

†「世相」の歴史という視点

そもそも、歴史の叢書の一巻のテーマに「世相」を選んだところに、大胆な野心があった。『世相篇』の「自序」にも、「実は自分は現代生活の横断面、即ち毎日我々の眼前に出ては消える事実のみに拠つて、立派に歴史は書けるものだと思つて居るのである」という一節が見えるが、『明治大正史』の内容見本に柳田が寄稿した第四巻の予告では、その意図がよりはっきりと述べられていた。ここでは第三巻の巻末に再録された形で引用する。

日本は如何なる国、今はどういふ時かといふ問題は、単に大きな過去の事件だけを、並べて見たのでは答にならない。世の中は我々が忘れたり、省みなかつたりして居るうちに追々に改まつて来たのである。だから此一巻では出来る限り、目で見、耳で聴き、口で味ひ、鼻で嗅ぐやうな的確なる事実に基いて、どれだけ時勢が変り、どれだけ又国柄が残り伝はつて居るかを、明かにして見ようといふのである。我々は既に歴史の参加者では無いか。我々の承認し得ざる歴史といふものが有らう筈は無い。しかも新聞の日々の記録を利用しなかつたら、歴史は尚いつ迄も二三の英雄によつて作られるといふやうな、飛んだ迷信から脱することが出来なかつたらう。

この最後に述べられた、「新聞の日々の記録を利用」するという方法論は、新聞社が企画する歴史叙述という方針と呼応するものであっただろう。だが実際には、新聞記事は現実の一部をしか伝えていないという問題に直面した結果、「現に読者も知り自分も知つて居るといふ事実を、唯漠然と援用する」方法へと切りかえた。「自序」ではそのことに関する苦い反省を語っているために、調子がやや落ちているが、予告の方ではむしろ執筆を始めた当初のもくろみを、積極的に打ち出している。

「二三の英雄」や「大きな過去の事件」によってのみ歴史が構成されるという考えは「飛んだ迷信」にすぎない。この予告が書かれた当時は、一九二八（昭和三）年に明治天皇の誕生日である十一月三日が明治節として新しい祝日となり、同時に戊辰の年の六十周年を迎えたことによって、明治維新の大ブームが歴史学や大衆文藝に訪れていたころである。明治維新に活躍した志士たちや元勲たちのような「英雄」の活躍は、歴史を本当に動かす力ではなかった。「世の中」は、人々が気づかないうちに「追々に」大きく変わっていったのであり、その変化の跡は「目で見、耳で聴き、口で味ひ、鼻で嗅ぐやうな的確なる事実」にこそ現われている。

ここに、英雄中心史観に傾く従来の歴史学や歴史文学に対する、正面からの挑戦を見ることができるだろう。この『世相篇』の第一章の主題は「眼に映ずる世相」であり、その第一節は「新色音論」と題されている。すでに徳川時代の後半からゆっくりと始まっていた社会の変化のなかで、人々の日常の感覚がいかに変容していったか。それを色彩にかかわる視覚と、聴覚との双方に関して柳田は掘り下げる。産業や交通の発展とともに、人々はさまざまな色彩を愛でるようになり、強烈な色の刺戟になじんでゆく。かつてはなかった色や模様が、人々の衣服を飾るようになったことを、柳田は近代史の大きな特徴として挙げる。

また、音に関しても同様に、大きな音に慣れるようになったことを変化としてとりあげるのであるが、同時にまた、強烈でないかすかな音のなかにも注意すべき点があると指摘することを忘れない。「新たに生れたもの丶至つて小さな声にも、心にかゝるものは多い。ある外国の旅人は日本に来て殊に耳につくのは、樫の足駄の歯の舗道にきしむ音だと謂つた。然り、是などは確《たしか》に異様である。さうした又前代の音では無かつた」。下駄は徳川末期から普及した新しい履き物であり、都会の舗道も明治になってから登場した。しかしその変化を「小さな声」のうちに探ろうとする姿勢が、『世相篇』の独特の魅力を作りあげている。

†「公民」の過去と未来

失なわれつつある農村・漁村の習俗や伝説を調べ、書き留める学問という民俗学に関する通俗的な印象からすれば、『世相篇』はそうした旧来の共同体の生活が崩れ去ったことを嘆き、近代化を呪う書物と想像されてしまいそうであるが、実際にはそうではない。柳田の姿勢は、「世相」の変化をそのまま叙述する方針で一貫しており、むしろ新しい現象を「愉快」な出来事として歓迎する箇所も散見される。

このことは、この『世相篇』が、若い民俗学者たちの協力のもとに執筆されたという事情とも関連しているだろう。特に後半にはその傾向が著しい。この本では、女性が職業をもって自立するようになった動向を積極的に歓迎し、「消費組合」や「労働組合」の発展を、かつての村に代わって、人々の「伴《とも》を慕ふ心」を満足させるもの——これもあるいは「第二の故郷」となりうると考えていたのかもしれない——として、高く評価している。また、「普通選挙」における地元の「親分」と選挙民との関係を問題としてとりあげ、最終章では「公民」の「生活改善の目標」を論じている。ここで「編著者」として現われる柳田の姿は、なかなかにモダニストなのであった。

しかし他面で、第四章「風光推移」では、明治時代以降、村の生活では人と動物との関係が「やゝ疎遠」になったが、それでも「友としての動物の話」がいまでも語り伝えられていることに注目する。

猿は敏捷であるがよく人の真似をして失敗し、兎は智慮が短かく鼬《いたち》は狡猾でよく物を盗んだ。狐は陰鬱で復讐心が強く、狸も悪者ながらする事がいつもとぼけて居るといふ類の概括も、決して昔話の相続ばかりでは無かつた。誤つて居たにしても兎に角に誰かの実験であつた。

この場合の「実験」は現実の体験という意味である。商品経済や近代的な契約関係が入りこみ、生活が大きく変わった農村でも、人々の感覚のうちには動物との濃密な交流が生きている。程度の差はあれ、現代におけるペットや稀少動物に対する態度にも共通するものが見いだせるだろう。人々の感覚のうちで、社会の変化とともに変わるものと変わらないもの。その両者を微細に見分ける感覚が、この書物の全体にしみわたっているのである。

（『柳田國男全集』第五巻、筑摩書房、一九九八）

26　和辻哲郎『倫理学』
――「人間の学」の体系

†忘れられた主著

和辻哲郎（一八八九・明治二十二年～一九六〇・昭和三十五年）は、西洋哲学研究から出発して、日本文化史、さらに倫理学・日本倫理思想史に研究業績をのこし、現在に至るまで学問の世界に影響を及ぼしている大哲学者である。その著書『倫理学』（上巻一九三七年、中巻一九四二年、下巻一九四九年）は、教授を務めた京都帝国大学・東京帝国大学での倫理学原論の講義をもとにした本。倫理学というより、その独自の人間論を基盤にした哲学の体系を展開した書物と言ってよいだろう。その意味で主著と呼ぶのにふさわしい。

ところが近年までは、これを書くための習作に位置する『人間の学としての倫理学』（一九三四年）に比べ、あまり注目されることのない書物であった。和辻についての研究論文も、『人間の学としての倫理学』に基づいて人間観と倫理学方法論に関する解説をすませ、その補足として『倫理学』のなかの個々の議論にふれるという体裁のものが多かった。その結果、導入として「人間存在の根本構造」を論じた上巻の前半くらいしか、言及されることがなかったのである。

おそらくは『人間の学としての倫理学』が、岩波全書の一冊として入手しやすい形で、長らく版を重ねていたせいもあるだろう。ばらばらの個人ではなく、さまざまな「間柄」のなかに埋め込まれた存在として人間をとらえる人間観。そして、個人の意識ではなく、「間柄」における人のふるまいのなかに倫理のありかを求める方法。そうした点について、たしかに『人間の学としての倫理学』は『倫理学』の一種の入門書として便利である。だがそれに依存していると、『倫理学』において和辻がみずからの構想を練り直し、議論を精緻にしていることを読み落としてしまう。

二〇〇七（平成十九）年に熊野純彦による注と解説をつけた形で、『倫理学』は全四冊で岩波文庫入りをはたした。これを基礎にした和辻研究はまだあまり見かけないが、不幸な状態はとりあえず脱したと言える。やはり岩波文庫から刊行された『日本倫理思想史』も含めて、一般の読者が和辻哲郎の思想にふれるための条件は、きわめて改善された。さらに『人間の学としての倫理学』のさらに原型である、長大な論文「倫理学」（岩波講座

『哲学』第二回所収、一九三一年）も『初稿 倫理学』（ちくま学芸文庫、二〇一七年）として刊行を見た。これは『和辻哲郎全集』に入っておらず、『人間の学としての倫理学』よりも構成がわかりやすく、しかも詳しい注がついているので、和辻の思想形成の過程がよく見える。

†「間柄」へのまなざし

『倫理学』は、その上巻のみの英語訳がアメリカで出版されている。しかしその題名は"Watsuji Tetsurō's Rinrigaku : Ethics in Japan"。これもまた不幸な扱いである。和辻は日本社会に根ざした倫理を体系化したわけではなく、あくまでも西洋にも通じる普遍的な理論のつもりで叙述しているにもかかわらず、欧米の研究者からは「リンリガクという名の日本の ethics」を記述した本と見なされてしまっている。

だが、この例は浅薄な誤解にすぎないにせよ、和辻の倫理学と日本の伝統との関係は、もっと深い次元で重要な問題を含んでいる。そのことを明確に指摘したのは、和辻の門下で学んだ日本倫理思想史の研究者、相良亨であった。「日本における道徳理論」（一九六八年初出、『日本人の心』増補新装版、東京大学出版会に再録）で相良は、近代西洋の個人主義的な人間観を批判するだけでなく、日本の思想が伝統的に抱えている傾向を克服する営みを、『倫理学』に見出している。

和辻は、「個人意識」の問題として倫理を論じることが、そもそも間違いだとする。人間は常に他者との何らかの関わりのなかで生きているのであり、一人でものを思うときも、その意識は他者との言葉や記憶の共有を前提にしている。したがって、倫理というものが働く場所は、人と人とのあいだ、具体的な「実践的行為的連関」なのである。

和辻自身はこれを「近世の個人主義的人間観」に対置しているが、相良によればそれは同時に、主観的な「まこと・まごころ」の発揮を礼賛する日本人の傾向をのりこえるものとして、重要な意味をもつ。純粋な「まごころ」に根ざした行動ならば許されるという感覚が、上位者によるハラスメントを容認し、はては違法行為やテロリズムへの同情に人を導いてしまうことは、たしかにこの二十一世紀の日本にも見られる。それが本当に日本だけの傾向かどうかについては検討の余地はあるものの、客観的な「行為的連関」の中で行動の善悪が決まると説く和辻の理論は、たしかにこれに対する強い批判になっている。

『倫理学』の上巻、第二章で「人間存在の空間的・時間的構造」を説くさいに和辻が強調するのは、人の存在をはじめから規定している「間柄」のネットワークがもつ広がりである。その「間柄」をもっとも広い範囲で支えるのは「交通機関や通信機関」にほかならない。そこで和辻は「新聞ラディオ」にふれ、大正大震災のさい、そうした「通信機関」が遮断されたために、怪しげな「流言蜚語」に人々が惑わされた経験を指摘する。メディアによる情報のネットワークが崩壊することは、社会そのものをたちまち「バラバラ」にしてしまう。現代の言葉づかいで言えば、情報ネットワーク社会のような秩序像を、和辻の『倫理学』はすでに提示していたのである。

ただし和辻が前提としているのは、今日のような深部までグローバル化された社会ではない。『倫理学』のうちで倫理の内容を具体的に規定する、いわば実質的倫理学の構想を述べているのは、中巻に収められた第三章「人倫的組織」である。和辻の考えでは、倫理を支える原理は、「間柄」のなかで集団が個人に強制を加え、反対に個人が集団から自立する運動の往復であり、強制と自立の両面がほどよいバランスをとっている状態が、行為の善さのあかしとなる。そして善し悪しの基準となるのは、それぞれの「人倫的組織」のなかで人々が常識として共有している「行為の仕方」にほかならない。

こうして「人倫的組織」の章は、家族に始まって、さらに親族、地縁共同体、経済的組織（企業や労働組合、また生産と流通を介した結びつきの一般を指している）、文化共同体、国家という順序で、それぞれの「組織」における「行為の仕方」について論じている。たとえば、親族における相互扶助、地縁共同体における「隣人的存在共同」、文化共同体における「友人」としての信頼、といった行動様式がそこでは指定される。さらにこうした

「人倫的組織」を「力」によって外から支える「人倫的組織の人倫的組織」が、国家なのである。

強制組織としての国家をとりあえず除外すると、和辻の体系において、人々が自発的に作りあげる「人倫」のネットワークのうち、もっとも大きく広がりうるのは「文化共同体」である。それは、学問や藝術や宗教を介した少人数の集団に始まり、最大の広がりにおいては、一つの母語を共有する(和辻の表現では「言語の共同」)人々の全員を「友人」として含みうる。その紐帯を支えるのは、やはり「伝達」すなわちメディアの働きであった。「布教者、伝道者、吟唱詩人、琵琶法師、その他知識・藝術・信仰を広く伝へて歩いた人は、皆この仕方で文化の『伝達』の役目を果した」と和辻は指摘する。親族や地縁共同体に関する言及から、和辻の議論は固定したイエやムラの擁護論のように理解されることが多いが、このように、地域をこえて流動する人々の存在もまた、社会を支えるのには不可欠と考えていたのである。

†隠された亀裂

「文化共同体」を論じた節で和辻は、その広がりは「言語の共同の範囲」を限界とすると論じる。したがって、人倫的組織を束ねた存在である「国家」もまた、「言語の共同」を基盤とするものが真っ当な形態ということになる。和辻はその上で、人倫的組織を力によって「外護」する国家の法を遵守し、従軍義務を果たすことが、その成員の当然の義務であると論じる。この点は、国民国家への国民の献身を説く教説として、しばしば批判されるが、同時に政府が人倫的組織の存続を保障する「正義」、すなわち「仁政」を、「国家自身の根本的な行為の仕方」として指定していることも重要である。「仁政」の内実に曖昧さは残るにせよ、政府が自分の思いのままに国民を根こそぎに動員するような事態は、和辻の理論においても人倫の道にもとることになる。

問題はむしろ、もっとも広い「文化共同体」、すなわち「言語の共同」によって結ばれた「民族」の範囲をめぐる議論にあるだろう。上巻の「人間存在の空間的・時間的構造」の章で和辻はこの問題にふれ、人々が行為の連関を結ぶ「世間の公共性」の規模は、「国民の限界内」に限られると論じている。その理由としてとりあげるのは「外国旅行者」の例である。彼もしくは彼女の旅行先での行為は、「その土地の世間に属せざる現象」としてしか扱われないし、本国においても不問に付され「世間の眼から遁れることが出来る」。

しかしこう言い切ってしまうと、外国人観光客と旅先の業者との契約関係は「間柄」ではなく、国際犯罪も罪として成立しえないことになる。戦後に出た改訂版で和辻はこの箇所を書き改めているが、議論はかえって曖昧になり、この問題がむしろ理論体系の弱点であることを示す結果となってしまった。

さらに「間柄」の内実に関しても、議論がほころびを見せている箇所がある。「間柄」において人間は、常にその場において適切な役割（『倫理学』で用いる用語では「資格」）を遂行するという構造が、「間柄」的な人間観の前提である。上巻の第一章「人間存在の根本構造」ではこれを説明するさいに、手術で患者の身体にメスを入れる場合をとりあげている。そのさいは担当医師としての「資格」において行動しているから、患者の肉体を「純粋に生理学的対象として取扱ふ」ことが許されると和辻は説く。だが現実には医者は相手が〈手術を施すべき人間〉だからメスを入れるのであり、意志をもたない肉塊として扱うわけではないだろう。

和辻の思想の奥には、役割の演技を一切やめた瞬間、人間が単なる物体になってしまうと見なすような、醒めた思考が横たわっている。この点がむしろ、国家の問題などよりも深く、この倫理学体系の内に潜む亀裂を示しているように思われる。

（熊野純彦注解『倫理学』全四巻、岩波文庫、二〇〇七）

27　九鬼周造『人間と実存』
――自由の哲学の試み

†もうひとつの代表作

九鬼《くき》周造(一八八八・明治二十一年〜一九四一・昭和十六年)と言えば、よく名前が挙げられる著書は『「いき」の構造』(一九三〇年)である。日本文化の伝統を貫ぬいて存続している「いき」の美意識について考察をめぐらした本であり、最初の単著であった。一九七九(昭和五十四)年に多田道太郎による解説つきで岩波文庫に収められ、ずっと版を重ねているから、これが代表作として扱われるのも不思議はない。

だがそのことが、哲学者としての九鬼のイメージをやや歪めてしまったようにも思われる。九鬼は文部官僚の大物であった九鬼隆一の息子として恵まれた環境に育ち、東京帝国大学を卒業したのち、八年間ものあいだ、フランス・ドイツで私費による留学生活を送った。その間、アンリ・ベルクソンやマルティン・ハイデガーといった哲学者のもとで学び、学界で注目されるとともに、「バロン・クキ」——たしかに父は男爵であったが、正確には爵位を継承したのは周造の兄とその息子である——と名乗って社交界で華やかに活躍した。帰国後、京都帝国大学の教授として迎えられたあとも、祇園に遊び、藝妓であった女性を後妻に迎えた。人生のそんな側面が、遊里ではぐくまれた美意識としての「いき」と重ねてとらえられたという事情もあるだろう。

だが、その哲学者としての本領は、むしろ哲学史と二十世紀初頭の現代哲学の研究にある。京都帝大文学部で担当した講座は西洋哲学史であり、没後にその講義草稿が『西洋近世哲学史稿』（一九四八年）として公刊された。ルネサンス期の哲学からG・W・F・ヘーゲルにまで至る周到な通史であり、哲学史概説としていまでも十分に読み応えがある。しばしば、祇園から大学に直行して朝の講義を行なったという伝説がひきあいに出されるが、それだけ丹念に準備をしていたからこそ、可能だったパフォーマンスなのだろう。決して単なる遊び人学者ではなかったのである。

九鬼自身の哲学理論を展開した著書としては、博士論文を練り直して書かれた『偶然性の問題』（一九三五年）もあるが、その思考の広がりをたどるには、むしろ論文集『人間と実存』（一九三九年）の方がふさわしい。二〇一六（平成二十八）年に、藤田正勝によっていねいな注と解説をつけて、岩波文庫に入ったため、手にとりやすくなった。
目次と論文の初出年を掲げれば、以下のとおりである。

一　人間学とは何か（一九三八年）
二　実存哲学（一九三三年）
三　人生観（一九三四年）
四　哲学私見（一九三六年）
五　偶然の諸相（一九三六年）
六　驚きの情と偶然性（一九三九年）
七　形而上学的時間（一九三一年）
八　ハイデッガーの哲学（一九三三年）
九　日本的性格（一九三七年）

ヨーロッパから帰国したのは一九二九（昭和四）年一月であるから、こうした諸論文と並行して『偶然性の問題』も手がけていたことを考え合わせると、帰国後の十年間、きわめて多産だったことがわかる。人間論、実存哲学、偶然論、時間論、日本文化論と、九鬼が哲学的考察の対象としてとりくんだテーマを、ひととおり通観できる書物になっているのである。

†「実存」主義の登場

ゼーレン・キルケゴール、カール・ヤスパース、ハイデガーが哲学の主要な概念として用いた Existenz について、「実存」という訳語を創ったのは九鬼自身である。おそらくはここに収められた論文「実存哲学」が、その言葉を日本の学界に定着させたと思われる。初出は岩波講座『哲学』であり、当時「岩波講座」は大学で行なわれるような、学問の最先端を示す講義を広く一般読者に公開する試みとして位置づけられていた。「ハイデッガーの哲学」もまた、マールブルク大学におけるハイデガーの演習に参加していた九鬼が、公刊された作品の『存在と時間』(一九二七年)だけでなく、その後の講義録も参照しながらまとめた仕事である。哲学の本場から帰朝した、最新の現代思想の案内役として歓迎されていたことが、よくわかる。

九鬼の理解するところでは、「実存」とは、ほかの誰でもないその人独自のあり方を意味するが、それは一つのあり方、生き方に固定したものではない。むしろ、さまざまなあり方に向かいうる「可能性」に開かれていることにその特質があると、ヤスパースの所説を参照しながら説明している。「現存在は現に在るか現に無いかであるが、実存は可能的のものとして選択および決定によって自己の存在へ歩みを運ぶかまたは自己の存在から歩み去るのである」(岩波文庫版九三頁)。ここに言う「現存在」(Dasein)もまたヤスパースによる概念であり、九鬼はこれを「経験的現存在もしくは生命」と説明する。そして「現存在は経験的に現に存在しているが、実存は単に自由としてのみ存在する」(同上)。人間の実存は、「選択」という行為によってさまざまな可能性に開かれているという意味での「自由」を、その本来的な特質として備えている。

この「自由」を説明するさいに、具体例として豊臣秀吉の「実存」を挙げるところがおもしろい。「朝鮮征伐をするかしないか、聚楽第《じゅらくだい》を営むか営まないか、それは問題性として成立している可能性である。自由である」(九六頁)。日本史上の有名人をとりあげるのは、一般読者が親しみやすい文章にするねらいもあるだろうが、あとで見るように日本文化に対する九鬼の関心の強さの表われだろう。また「ハイデッガーの哲学」でも、可能性にむけて「投企」する「現存在」のあり方にふれて、「自由のみが現存在に世界を支配させ、世界を世界させる。自由は現存在の深淵である。現存在は自由なる存在可能として投げられている」(二三七頁)と説いている。九鬼の考えでは、ハイデガーも含めて実存哲学は、一貫した「自由」の哲学なのである。

「自由」への着目は、この概念を媒介として、ベルクソンの哲学とヤスパース、ハイデガーの実存哲学とを統合しようというねらいがあるのだろう。もちろんここで考えられている「実存」としての自己は、理性の自覚によってみずからを統合するような個人ではなく、それ以前に存在する意識の状態であるから、いわゆる近代的な自我ではない。その意味で政治思想としてのリベラリズムが一般に前提とする人間像とは異なるのだが、それでも「自由」の価値を高らかに掲げた哲学者として、九鬼は近代日本では珍しい存在であった。

†「日本」へのまなざし

冒頭に収録されている論文「人間学とは何か」もまた重要な作品である。小泉丹《まこと》・和辻哲郎を監修者とする『人間学講座』の第一巻に寄稿したものであった。一九二〇年代から三〇年代にかけて、マックス・シェーラーやヘルムート・プレスナーを代表とする人間学(哲学的人間学)は、ドイツでも日本でも哲学の流行思潮であった。新カント派など、それ以前の哲学が認識論に集中する傾向があったのに対し、実践や社会生活も視野に入れて人間を総合的に考察しようとする試みとして、多くの哲学者が人間学にとりくんだ。ハイデガーの『存在と時間』もまた、存在(あるということ)とは何かと問う主体としての「現存在」のあり方を探る、一種の人間学として読まれたのである。和辻哲郎『倫理学』もそうした系譜をうけた試みであった。

この論文で九鬼は、人間を自然的人間・歴史的人間・形而上的人間の、三つの相の「統一的融合」としてとらえる。実践生活の側面を示すのは「歴史的人間」の相であり、ここでも「自然に対する歴史の意味は、自由の作動によって歴史が造られて行くことである」（三五頁）と、やはり「自由」が重要な特質として挙げられている。「自由を本質とする歴史的人間は未来的人間と云っても差支《さしつかえ》ない。自己自身を未来に於て生み行く人間が歴史的人間である」（三六頁）。ここでは過去からの系譜ではなく、むしろ「自由選択」を通じた「未来の可能性」に重点をおいて「歴史的」と名づけられている。

そして「形而上的人間」は「絶対者」との接触、いわば宗教経験に即した人間の一面を意味している。そうした経験の根柢にあるものを、九鬼はF・W・J・シェリングの概念を借りて「原始偶然」と呼ぶ。この「原始偶然」の例をいくつか紹介しているが、日本神話のエピソードを複数挙げているところが興味ぶかい。たとえば天照大神は、須佐之男《すさのお》命《みこと》が高天原にやってきて乱暴をくりかえすことに悩まされた。そうした不可解な「偶然」に直面し、「驚き」の感情に充たされながら身をふるわせるのが「形而上的人間」である。

そのほか、日本神話からの引用や、本居宣長の所説の紹介が「人間学とは何か」には多く見られる。やはり『人間と実存』の巻末に収められた「日本的性格」も含めて、九鬼の日本文化論は昭和初期の「日本精神」論に迎合したような仕事ととらえられてしまうこともある。だが、人間学の総論とも言うべき論文のなかで神話や国学に言及し、しかもそれを論文集の巻頭に掲げているのは、むしろ九鬼が主体的な関心をもって、日本の思想伝統を分析しようと試みていたことの表われだろう。

この天照大神と須佐之男命のエピソードは、和辻哲郎もまた『尊皇思想とその伝統』(一九四三年)や『日本倫理思想史』で論じたものである。本書第一章でふれたように、そこでは共同体秩序に対する忠誠心としての「清明心」の証を、天照大神が須佐之男命に問うたところに重点を置いている。これに対して九鬼は、そうした共同体の調和に対する賞賛を読み取ることをしない。むしろ、天照大神もまた不可解な運命に直面し、「驚き」にふるえたことに着目する。九鬼が注目した日本文化は、人間がそうした断絶や裂け目に直面することをごまかさず、見すえるものであった。そしてそれは、「驚き」に動かされながらその謎を解こうとし、未来へむかって選択を行なう、人間の「自由」をもまた表現していたのである。

(藤田正勝注解『人間と実存』岩波文庫、二〇一六)

28 「日本国憲法」——平和主義と「国民主権」

†「無意識」と日本国憲法

日本国憲法をめぐる議論は、ここ数年きわめて活発になっている。二〇一〇年ごろには、高校生用の教科書に「近代立憲主義」という言葉を入れようとしたら、教育現場ではわかりにくいという意見をつけられたことがあったが、いまや「立憲」の名を冠した護憲派政党が登場するくらい、「立憲主義」の大合唱のような状況になってきた。

そこでは、これまでの護憲論にも改憲論にも含まれていなかったユニークな指摘も現れている。そのなかで注目に値するのは、柄谷行人『憲法の無意識』（岩波新書、二〇一六年）であろう。柄谷もまた、第九条の戦争放棄・戦力不保持の規定を主眼とする護憲論の論陣を張っているが、その議論の根拠づけが独特である。

柄谷は、連合国軍最高司令官、ダグラス・マッカーサーがその回想録で、戦争放棄の規定は幣原喜重郎首相が提案し、それを配下の総司令部（GHQ）による憲法草案にとりいれたと述べているのを事実と認める。ただし回想録も、また幣原側の記録として残っているメモも、どちらも日本の再軍備へとアメリカが方針を転換したあとに公表されたもので、その正当化のために創作された疑いもあり、信憑性はそれほど高くないだろう。

だが、柄谷の議論はこれがGHQとアメリカによる「押しつけ」であったかどうかという点にこだわるものではない。占領軍による強制がなければ、日本国憲法が誕生し、民主化をめぐるさまざまな改革が行なわれなかったのはたしかだった。その外からの強制を通じて生まれた日本国憲法を、占領軍が去って日本国が独立したあとも、日本国民が支持し続けているのはなぜなのかを問うのである。

国民の第九条支持の根柢にあるのは「無意識の罪悪感」だと柄谷は指摘する。侵略戦争を続けた近代の日本国家の歴史の総体に対する悔恨が、日本人の心理の「無意識」の次元に潜んでいる。それが一種の強迫として働き、平和主義の普遍的な理想を支持する態度を、世代をこえた「文化」として定着させてきた。したがって、第九条の趣旨を否定するような憲法改正案を国会が発議したとしても、国民投票の場面でこの「無意識」が働いて、否決されることになるだろう。柄谷はそう説いている。

境家史郎《さかいや》『憲法と世論――戦後日本人は憲法とどう向き合ってきたのか』（筑摩選書、二〇一七年）によれば、占領からの独立の直後、一九五二年の世論調査の結果では、戦争放棄の規定に対する評価は消極的で、むしろ再軍備のための憲法改正を支持する声が多数を占めている。日本国民は、憲法第九条が登場したとたんにそれを歓迎したわけではない。その後、保安隊・自衛隊が発足し、再軍備が実現するようになると、それを警戒して第九条維持の声が多数を占めるように変わるが、自衛隊をも否定するような完全非武装を支持する人々は一貫して少数である。

柄谷の言う「無意識」は、平和を追求するが、自衛としての最小限の武力は保持しようという常識として、世論調査の数字には現われている。そうした姿勢は憲法第九条、とりわけ戦力を保持しないと定めたその第二項の文言とは明らかに食い違っているから、国民の「無意識」がそうした矛盾を抱えたものなのか、あるいはもっと深層にある「無意識」では完全非武装を志向していると考えるか、見解のわかれるところだろう。

いずれにせよ重要なのは、国民の心理における内奥からの強制として柄谷が描きだした、現在における憲法第九条に対する支持の定着ぶりである。憲法の平和主義に関する初等・中等教育の教科書の記述や、護憲派の論者が一般むけに書いた著作には、憲法が政府の行動をめぐるルールではなく、あたかも国民の堅持すべき道徳規範であるかのような調子が漂うことが多い。皮肉な言い方をすれば、戦後の日本社会において憲法第九条は、教育勅語に代わる一種の国民道徳として根づいている。

†「三大原理」と非武装規定

日本国憲法に関しては、国民主権・基本的人権の尊重・平和主義をその「三大原理」としてとりあげるのが、学校教科書でも憲法学の概説書でも通例になっている。だがもちろん、憲法典そのものがこの三つをとりあげて明示しているわけではない。これは、最初に出た本格的な注釈書である、法学協会編『註解日本国憲法』上巻（有斐閣、一九四八年）における解釈が、踏襲され続けているのである。

憲法は前文を除けば、法律の具体的な条文という形で書かれている。したがって、そこにこめられた思想を理解するためには、たとえば『註解日本国憲法』のような解釈書の助けを借りなくてはいけない。この本は、憲法学者、鵜飼信成《うかいのぶしげ》と行政法学者、田中二郎を中心に、東京大学法学部の研究者たちによって執筆されたものだったので、「基本原理」として右の三点を指摘する理解が、斯界の権威的見解として受け継がれたのだろう。ちなみに、東大の法学部で当時憲法学講座を担当していた宮沢俊義による著作は、この三大原理というとらえ方を採用していない。

では、憲法を公布した日本政府自身はその原理・原則をどう説明していたのか。一九四六（昭和二十一）年十一月三日——明治節の日である——の公布と同時に、吉田茂内閣は、パンフレット『新憲法の解説』を発行した。これを再録した髙見勝利編『あたらしい憲法のはなし 他二篇』（岩波現代文庫、二〇一三年）の編者解説によれば、主に内閣法制局の参事官たちによって原稿が作成されたものだという。その「総説」ではやはり三点を、新憲法の「基調とするところ」として挙げている。

しかしその内容は、『註解』の三大原理とは微妙に異なる。「徹底した民主主義の原理」と「基本的人権の擁護」と「戦争放棄の大原則」。そのなかでも第二点としての基本的人権に関しては、項を改めて説明を重ね、その歴史上の意義を論じている。戦前の大日本帝国憲法との最大の違いを、人権規定に求めているのである。これは憲法前文が冒頭近くで「自由のもたらす恵沢を確保し」と述べるのに対応しているが、前文よりもむしろ、本文の第三章における人権の諸規定を「新憲法の基礎をなす重要な部分」と見なす解釈に基づくのだろう。ところが第一点については、「主権が国民に存する」と前文でも第一条でも謳っているのに、「基調」の一つとして論じるさいには「主権」の語を用いていない。

「戦争放棄の大原則」についても、『註解日本国憲法』の理解とは異なる見解を示している。憲法第九条は絶対的な戦争放棄の理念を述べたものであり、自衛のための戦争も、国際連合の一員として侵略国家に対する制裁戦争に加わるのも認められないと『註解』は説く。したがって日本は徹底した非武装の道を選ぶべきであり、将来国連に加入することになれば、集団安全保障によって守ってもらえるので、他国からの侵略があっても心配はないという態度をとった。

これに対して『新憲法の解説』の第九条と自衛権との関係をめぐる解釈は、微妙なニュアンスを含んでいる。そこではこう説かれている。「日本が国際連合に加入する場合を考えるならば、国際連合憲章第五十一条には、明らかに自衛権を認めているのであり、安全保障理事会は、その兵力を以て被侵略国を防衛する義務を負うのであるから、今後わが国の防衛は、国際連合に参加することによって全うせられることになるわけである」。刊行の当時、現実に予想される展開としては、『註解』と同じく国連が日本の防衛を肩代わりしてくれる事態を考えているのだろう。

だが、ここに引かれている国際連合憲章第五十一条は、紛争に巻きこまれたにもかかわらず、国連による集団安全保障がまだ発動しない場合には、各加盟国に「個別的または集団的自衛の固有の権利」を認めたものである。その後憲法学界の主流見解となった『註解』の完全非武装論とは異なって、憲法第九条のもとでも何らかの実力組織をもち、個別的自衛権と集団的自衛権を行使できる可能性を、憲法公布当時の政府は示していたのだった。この論理がのちの再軍備を準備したとまで言うことはできないが、やがて冷戦の激化と朝鮮戦争によって、国連の集団安全保障が機能しないことが明らかになる。常設の国連軍の創設が期待できない状況になれば、それに代わる地域的安全保障の枠組として日米同盟を結び、最小限の防衛力を備える。そうした余地を残しうる解釈ではあるだろう。

†幻の「国民主権」

そして先にふれたように、『新憲法の解説』が三つの「基調」の一つとして「民主主義の原理」を挙げるとき、それを国民「主権」とは表現していない。このことは、この本が第一章「天皇」でふれているように、新憲法の制定によって「國體」が変わるか否かについて、国会で激論が交わされたさい、政府が曖昧な態度をとったことに関連しているのだろう。「主権」の所在を「国民」に定めているのは条文から明らかであるにしても、それが帝国憲法からの変更点であることを明示したくなかったのである。

しかしそもそも、ドイツの国法学において、国家のもつ最高の統治権として概念化されたような「主権」の理論を、日本国憲法は前提としていないのではないか。そうした疑念が、古くは松下圭一『市民自治の憲法理論』(岩波新書、一九七五年)、最近では篠田英朗《ひであき》『集団的自衛権の思想史――憲法九条と日米安保』(風行社、二〇一六年)によって提起されている。たしかに、憲法草案の起草者たちの母国であるアメリカ合衆国の憲法には主権の規定が存在しない。前文が「主権」の言葉を用いるとき、そこで述べているのは、「日本国民」（英文版では the Japanese people）が「信託」（trust）を通じて政府権力を構成するという、ジョン・ロックの政治理論――『統治二論』には「主権」という語が登場しない――に似た論理にほかならない。

ただ、これがドイツ流の主権理論でなく、アングロサクソン流の立憲主義を表明したものと読むにしても、憲法前文の文章はやや問題を含んでいる。「信託」について述べたくだりには、「国政」（government）について、「その権威は国民（the people）に由来し、その権力は国民の代表者がこれを行使し、その福利は国民がこれを享受する」と書かれている。『新憲法の解説』も指摘するように、明らかにエイブラハム・リンカーン大統領がゲティスバーグ演説（一八六三年）のなかで述べた言葉、“government of the people, by the people, for the people”を念頭において、デモクラシーの原理を示した表現である。

このリンカーンの言葉で最初に登場する“government of the people”という言い回しの意味をどうとらえるか。政治学者、内田満のエッセイ「of-by-for 演説考」（『可能事の芸術と現実の間で――私と早稲田と政治学』三嶺書房、二〇〇〇年、所収）は、英語学者による議論も参照しながら、この of は動作の対象を示す前置詞だと説いている。すなわち、「人民を（of）支配するとはどういう営みか」とまず問題提起し、人民自身がその営みの主体となる（by）もので、内容としては人民の福利を目的としなくてはいけない（for）と説いた文句であった。

そうして見ると、ゲティスバーグ演説の三つの言葉に対して、日本国憲法の前文は、of の部分を取り除き、by の部分を権威の根拠としての「国民」の意志と、その「代表者」の活動との二つに分けて提示しているように思われる。"government of the people" の要素を欠いたまま、政府に対する国民からの「信託」が説かれていると言えるだろう。そのことは、国民自身が政治権力を行使する統治者となり、その責任をとるという、デモクラシーの原理のもつきびしさを、見失なわせる原因になってはいないか。大げさに言えば、これが現行憲法における最大の「憲法問題」の一つかもしれない。

（高見勝利編『あたらしい憲法のはなし　他二篇』岩波現代文庫、二〇一三）

29 丸山眞男『忠誠と反逆』
——思想史における「転形期」

†雄弁と遅筆

丸山眞男は鋭い秀才を思わせる風貌を、時に写真で見せているから、話すのも書くのもスピードが速かったように想像してしまうかもしれない。残っている映像を見ればわかるように、たしかに談話はどちらかと言えば早口で、滔々としゃべり続けた。桑原武夫・森有正と並べて「日本三大おしゃべり」と言われたゆえんである。

しかし、文章の執筆速度は徹底して遅かった。締切を守ったのは、東京帝国大学法学部の助手としての研究期間の最後に提出する論文を『国家学会雑誌』に連載したときだけだった。みずからそう豪語していたとも聞く。

それは論文やエッセイを書く場合だけではない。『忠誠と反逆——転形期日本の精神史的位相』は、丸山が日本政治思想史に関するアカデミックな論文を主として集めた本であるが、企画から刊行に至るまでのあいだ、論文を選び順序を考えて最小限の修正と補足を施すのに七、八年もかかったという。筑摩書房から一九九二（平成四）年六月に刊行されたが（六年後にちくま学芸文庫で文庫化）、その三か月前に録音された談話「ある日のレコード・コンサートの記録」で、この本の編集作業の進行についてふれている。

それから六月に筑摩（書房）から本が出るんですが、昨日「あとがき」を書いたんです。昔の原稿ばかり集めたものなんですが、それを校正したりして……。それにしてもいかにスローモーかというと、初校が出たのが一昨年の九月。ゲラを一年以上……。出版社の超寛容に頼って……。タイトルは『忠誠と反逆』になるんですが、論文集です。
（丸山眞男手帖の会編『丸山眞男話文集』3、みすず書房、一六〇頁）

これに続いて、ふだんの執筆方法についても述懐している。「よほど僕は仕事がのろいんだな。」「僕はお終いの方から書いたりするから、第一ページがいちばん最後だったりして。」「僕はワープロができないんだけれど、途中から原稿を書いたりするからワープロ的だと言われたことがある。」「たしかに客観的には、遅筆です。エンジンがかかるのが遅い。

つまり、完成感がないいんです。未完成交響曲なんだ。まだダメだ、まだダメだって。」こんな具合であった。

いったん書き始めれば筆が速く進むのだが、「資料が全部ある」という状態になるまで、参考資料を調べ尽くさないと着手できない。しかも、構想する筋書きにそって書いてゆくのではなく、一部分づつ書きためていって、最後にそれをどういう順番でつなげるかを思案する。草稿を読み直し、構成を考える作業にも時間がかかるから、ますます原稿の完成が遅れるわけである。

しかしこれは、単に性格が完璧主義だったとか、優柔不断だったとかいうだけのせいではないだろう。おそらくは思想史研究の営みの特徴と深く関わっている。丸山のそれ以前の著書のうち、『日本政治思想史研究』（一九五二年）は徳川時代に関する一連の仕事と見なしうる三本の論文を集めたものであり、『現代政治の思想と行動』上・下（一九五六年〜一九五七年）は政治理論・政治評論の分野に属する文章を多く収めている。さまざまな主題の思想史研究を集めたという意味では、『忠誠と反逆』を唯一の論文集と呼ぶこともできるだろう。

†思想史の方法

丸山はこの本の「あとがき」で収録作品について、初出ののちに見解が変わったような点を改訂することは避け、修正を最小限にとどめたと述べる。そしてそれは、「すくなくとも人文・社会科学の領域においては、とりわけ思想史という領域においては、いかなる作品についても、その具有する歴史的性格をそれとして尊重する」という考えに基づいているという。つまり書かれた文章の内容は、常に執筆時の「歴史的条件」に規定されている。それは何らかの偏向を含まざるをえないが、「もしそのことを否定するならば、自らをトータルな「とらわれない」認識者――つまり神の位置に高める自己欺瞞に陥るか、さもなければ、涯しなくひろがる泥沼のような相対主義に堕するほかない」。

この「歴史的性格」に関する意識は、自身の執筆作業にも向いていた。丸山の自己認識において思想史の研究者は、みずからの作品についても、その「歴史的性格」を絶えず自覚せざるをえない。自分の見解が、現代の状況から影響された偏向を含んでいることを自己反省しながら、しかし相対主義に陥ることなく、思想史の史料から一つの真実を切り出す決断を下していくこと。このように思考をめぐらせながら書いているので、執筆は遅くなってゆく。

論文集のタイトルは、巻頭に収めた論文「忠誠と反逆」（一九六〇年）の題名をとり、副題を付したものである。なぜこの論文を表題作に選んだかについて、はっきりとは語られていない。だがその大きな理由の一つは、そうした思想の「歴史的性格」が、一番明確に、また重層的に描きだされた論文であるからだろう。

この論文は、筑摩書房から刊行された叢書、『近代日本思想史講座』の第六巻『自我と環境』（小田切秀雄編、一九六〇年）に発表されたものである。この叢書は、近代日本思想史研究の論文を集めた講座ものとしては初めての企画であり、丸山も全体の編者の一人として、重要な役割を果たしていた。だが、「近代」と題名に冠した論集であるにもかかわらず、丸山の「忠誠と反逆」論文の内容の大半は、徳川時代の武士の思想における「忠誠」と「反逆」の概念をめぐる分析である。

それは、武士と儒学の伝統的なモラルを学んだ知識人が、徳川末期・明治時代に西洋思想の受容に努めたのだから、明治期・大正期の思想を検討するさいにも、近代日本が置かれていた「歴史的条件」をふまえながら理解すべきだという判断に基づいている。

人間はどんな場合でも、「無」から思考し、行動しているのでなく、一定の歴史的＝社会的条件の下でそうしているが、このような歴史的条件というのは、たんに彼をとり囲む社会的環境として存在しているのではなくて、彼に先行する歴史的時間において蓄積されたさまざまの思考のパターンとして、主体の内側に入りこんでいる。(『忠誠と反逆』ちくま学芸文庫版、一二頁)

この論文は、徳川時代の武士が、さまざまな立場を同時に担っていたことを指摘する。個人としての主君に忠誠を尽くそうとする中世以来の武士の生き方、平和な世になって一種の行政官僚として「分限」を守る自己抑制、儒学の「天道」「仁政」の理想の実現。そうした複数のアイデンティティが、一人の武士の自我のうちで葛藤を続け、その緊張感が政治のダイナミックな実践へと武士を押し出していった。

そうした、前近代の武士たちに由来する伝統思想が、近代西洋思想との出会いをへて、市民の政治参加を支えるエートスに転化するさいの、さまざまな方向について考察した論文である。「歴史的条件」のなかに思想を置く方法論をもっとも緻密に用いた作品として、表題作に選ばれたのだろう。

†「挫折」伝説のまぼろし

論文集の『忠誠と反逆』が公刊された直後と丸山自身の没後には、いくつかの雑誌が丸山眞男特集を組み、一種の小ブームのような風潮となった。だがそのとき、この本の収録作品のうちでもっとも注目を浴びたのは、全体の「補論とか附論にあたる」作品として巻末に収められた、「歴史意識の「古層」」（一九七二年）であったと思われる。本書の第一章で紹介したように、日本の思想史では、時代によってさまざまな外来思想が受容されてきたが、その基盤には一定の「思考の枠組」が、古代の神話から現代に至るまで存続していると見なす。それを「古層」と名づけ、歴史意識におけるその側面を、主として『古事記』の神話に探る作品であった。

「古層」論文は、すでに初出のときから丸山の愛読者のあいだでは有名であったが、それ以外の読者にとっては『忠誠と反逆』の刊行のときに、あたかも新作のように受けとめられた。そして、ちょうどポスト・モダン思想の流行から、ポスト・コロニアル、ナショナリズム批判の風潮が派生した時期であったために、悪しきナショナリストの丸山が、後年に至るまでナショナル・アイデンティティの同一性にこだわり続けた証拠として、批判の槍玉にあげられた。戦後の丸山について、大衆社会の到来と大学紛争に出会い、デモクラシーの精神の普及の限界を感じたと見なし、その挫折感の表明のように読む評者も、いまだに多い作品である。

もちろん、デモクラシーと結びついた「近代ナショナリズム」の確立を、丸山が戦時中から終戦直後まで唱えていたことや、晩年に至るまで「古層」論の推敲を重ねていたことを考えれば、そうした指摘にはあたっているところもある。だがもっと重要なのは、「古層」論の着想が大学紛争よりずっと前に始まり、それと並行して、「忠誠と反逆」に見られるような、日本の伝統思想における積極的な側面の発掘も進めていた事実であろう。

第一章でもふれたが、『丸山眞男講義録　別冊一　日本政治思想史一九五六／五九』（東京大学出版会、二〇一七年）によれば、一九五六（昭和三十一）年度に丸山は、講義の内容を古代から始まる通史に変えており、そこでの古代史の説明には「我国の文化構造の伝統型が、早くもここに打ち出されている」という文句が見える。これがやがて五九年度の講義で「日本人の原初的思考様式」として明確に概念化されて、六三年度の講義で「原型」と呼び直される。さらに六七年度の講義で倫理意識・歴史意識・政治的諸観念の「原型」として具体化され、七〇年代以降の「古層」論の基礎になってゆく。

しかし「古層」論とは別の方向での思想史の探究も、同じ時期に宣言していた。一九六一（昭和三十六）年に刊行された『日本の思想』（岩波新書）の「あとがき」にはこうある。「これまでいわば背中にズルズルとひきずっていた「伝統」を前に引き据えて、将来に向っての可能性をそのなかから「自由」に探って行ける地点に立った」。日本思想の「原型」「古層」を、いわば乗り越えるべき負の伝統として対象化した丸山は、前近代の思想のなかにも「可能性」のある要素を「自由」に探求しようとする姿勢を打ち出したのである。

やはり六一年に活字化した「思想史の考え方について」は、過去の思想の達成度や限界よりも、その思想が「孕まれて来る時点におけるアンビヴァレントなもの、つまりどっちにいくかわからない可能性」に注目すべきだと説いた講演である。『忠誠と反逆』ではこの講演を「歴史意識の「古層」」の直後に配置しているが、それは両者をともに読んでほしいという願いの表われだろう。

†「転形期」にむけて

したがって極端に言えば「古層」論を着想したあとに、丸山は「忠誠と反逆」を書き、伝統思想のなかにあるはずの可能性を探って、それを現代に生かす試みを始めていたのである。両者の発表の順序が逆になったために、「古層」論が最終的見解のように見えてしまうが、決してそうではない。むしろそうした誤読を防ぐために、「古層」論文と「思想史の考え方について」とを組み合わせ、「補論」の扱いにして『忠誠と反逆』に再録したのだろう。

「忠誠と反逆」のあとに並べられている「幕末における視座の変革——佐久間象山の場

合」（一九六五年）もまた、思想家の営みの「追体験」という手法を通じて、象山の思想における「政治的リアリズム」の意味を浮かびあがらせた作品である。論文集のいわば本論をなすのは、こうした仕事の方だと丸山は考えていたのではないか。

論文集としての『忠誠と反逆』には、「転形期日本の精神史的位相」という副題がつけられている。ところが「転形期」という表現は、収録された論文にも「あとがき」にも見あたらない。「あとがき」には、収録された論文は「大体において幕藩体制の解体期から明治国家の完成にいたる歴史的時期を主要な対象としている」とあるので、徳川時代から近代への「転形期」を指しているように、とりあえずは読める。

だが、それだけだろうか。もともと「転形」の語は古典的な漢語にはない。マルクス＝エンゲルス『資本論』が、使用価値の商品価格への“Transformation”を論じる議論を日本に紹介するさい、その訳語として作られ、昭和初期から普及した言葉だったと思われる。プロレタリア文学とその周辺では、小林多喜二の小説「転形期の人々」（一九三一年）、亀井勝一郎の評論集『転形期の文学』（一九三四年）と、「転形期」の語も題名に用いられていた（小林と亀井については荒木優太氏よりツイッター上でご教示を受けた）。

しかし、丸山が「転形期」と副題に書き入れたとき念頭にあったのは、おそらく花田清輝『復興期の精神』（一九四六年）に収められた戦中期のエッセイ「楕円幻想」（一九四三年）であろう。花田はそこで、中世的なものと近代（「近世」）的なものとが並存する、西欧ルネサンス期の科学者と藝術家の精神を論じ、その時代を「転形期」と命名した。それは歴史上の「転形期」としてのルネサンス期について語ると同時に、戦時下の抑圧体制が新しい時代への「転形期」となる可能性を示唆する営みでもあった。

丸山眞男もまた、「転形期」は明治維新の前後の一度だけ出現したと思っていたのではないだろう。それは中世から徳川時代への移行の時代にもあったし、可能性を探るというなら、歴史におけるどの時代も、何らかの意味で「転形期」となりうる資格を備えている。そして、『忠誠と反逆』の読者が生きる同時代もまた。――歴史における「転形期」のありさまにふれることで、現代もまた何らかの「転形期」であることを発見する。そうした精神の運動を引き起こす著作として、『忠誠と反逆』は豊かな魅力をたたえている。

（『忠誠と反逆――転形期日本の精神史的位相』ちくま学芸文庫、一九九二）

30　相良亨『日本人の心』
――伝統との対決

†思想史研究とみずからの思想を語ること

古典の名に値する著作を遺した思想家は、しばしばその本のなかで、みずから考える思想史の叙述をくりひろげている。西洋では、G・W・F・ヘーゲルが『世界史の哲学（歴史哲学講義）』を著わし、みずからの哲学体系によって西洋の哲学史の全体を描きなおすとともに、その歴史の終着点にみずからの体系を位置づけたのが、典型だろう。日本でもたとえば伊藤仁斎や荻生徂徠は、古代中国から徳川時代の日本へ至る儒学の歴史を、それぞれに再構成することを通じて、自己の思想を作りあげたと言える。

しかし、日本思想史学が学問の一分野としてそれなりの確立をみた現在では、思想の大きな歴史に関するそれまでの枠組を組み直すような仕事は、やりにくくなっている。学術研究としての綿密さと正確さを求めようとすれば、大胆に創造性を展開する余地は、小さくならざるをえない。近代の学問が背負っている宿命のようなことであるが、この本でとりあげた和辻哲郎や丸山眞男は、思想史家であるとともに思想家でもあろうと意識的に試みた、数少ない例に属する。

和辻哲郎の門下に学び、東京大学文学部の日本倫理思想史の講座を一九六五（昭和四十）年から継承した相良亨《とおる》（一九二一・大正十年〜二〇〇〇・平成十二年）ののこした仕事は、和辻の著作に比べて学問上の精度が高まっており、育てた研究者の数も多い。だが、その著作のスタイルは、日本思想史の文献を精読し、著者と対話するようにして考察を深め、その結果得られた知見を自分の言葉でじっくりと書き記すというものである。その意味で、やはり思想家としての特質を兼ね備えた思想史家として特徴づけることができるだろう。

『日本人の心』は、相良が東大を停年で退官し、共立女子大学に移った二年後、一九八四（昭和五十九）年に東京大学出版会から刊行した著書である（二〇〇九年に増補新装版が出ている）。それまで重ねてきた考察をまとめ、一般読者むけに書き下ろした集大成としての意味をもつと言えるだろう。全八章で、日本思想史の時代をこえて流れる大きなテーマをそれぞれに論じている。相良は日本倫理思想史の通史を著わすことがなかったが、この本はそれに代わる概説書のような位置にある。

†和辻倫理学をこえて

『日本人の心』の第一章の題名は「交わりの心」。それは「日本人に、人と人との関係を重視する傾向があることは、すでに多くの人々によって指摘されてきた」という一文に始まり、章末の付記でも日本人の「人倫重視的傾向」にふれ、「かつて和辻哲郎氏が、西洋近代思想の影響をうけつつ「間柄」を重視する独創的な倫理学を形成したのも、伝統的な人倫重視の傾向を反映したものである」と述べている。和辻は、個人がばらばらに存在しているのではなく、常に何らかの『間柄』のなかで行為する存在として人間をとらえ、その立場に通じる「慈悲」や「献身」や「政治的正義」の伝統を日本思想史のなかに見いだした。相良が和辻の思想のそうした特徴を、日本に「伝統的」な「人倫重視の傾向」の一例としてとらえ、同じ立場を意識的に継承していることは、この記述から明らかであろう。

だが、「交わりの心」を論じる内容を見ると、同じ「人倫重視」の伝統を扱っているにもかかわらず、和辻とはまったく異なる論じ方をとっていることに驚かされる。相良がまず登場させるのは、他人との「間柄」を大事にする普通の人々ではなく、西行に代表される中世の仏教者にほかならない。彼らは、むしろ人間関係を否定し、「出家・隠遁」に憧れる人々であった。そうした、むしろ反「人倫」的な傾向の人々が、人と人とのかかわりをどう捉えていたか。そこから議論を始めるのである。

相良はここで、ある秋の日に、西行と周囲の「世捨て人」たちが、草庵に集まって連歌を楽しんでいたようすを、西行の『聞書残集《ききがきざんしゅう》』に基づいて紹介する。彼らが思いをめぐらせるのは各人それぞれの浄土への往生であるから、普通の人々のように、向かい合って温かい言葉を交わすようなことはない。しかしそれでも、おたがいのことを思いあい、背中合わせになって寒さをしのいでいる。

それぞれが徹底した「さびしさ」を自覚しながら、友と一緒にその孤独をかみしめ、分かち合おうとする態度。そうした、孤絶を通じての交流がここでは「交わり」を論じる出発点となっている。それは、はじめから家族や地縁共同体など、何らかの共同性のなかに生きる人間を前提とする和辻の発想とは、かなり異質なものであろう。

おそらくここには、相良の和辻に対する違和感、もっと言えば批判が潜んでいる。和辻の東大倫理学科での後輩同僚であり、相良の師の一人でもあった、西洋哲学史家の金子武《たけ》蔵《ぞう》（一九〇五・明治三十八年〜一九八七・昭和六十二年）――西田幾多郎の女婿でもあった――からの影響もうかがうことができるだろう。金子は主著『倫理学概論』（岩波書店、一九五七年）で、和辻の名前は挙げないものの、実質的には正面からの批判というべき立場を打ち出していた。

金子はこの本の第五章第二節で「人格」を論じている。そこで展開するのは、「人格」(パーソン)の語源であるペルソナ(仮面=役割)から、個人の人格を、さまざまな対人関係における「役割」もしくは「資格」の束として分析する和辻の方法に対する批判である。すなわち、「地位身分職業などはやはり人格の演ずる役割であり、人格は丁度身体をもつごとく、それらをもつているのであつて、それらであるのではない。それらはどこまでも人格が身につけている面である」。つまり、さまざまな役割を演技する身体の奥底にある「内的人格」。そうした「実存」の深部にこそ、「人格の人格としての本性」があると金子は説いた。

相良がこの第一章で「間柄」ではなく「交わり」という表現を用い、communication という訳語を並記しているところにも、金子の理論との連関が想像される。『倫理学概論』第二章第二節で、人間の倫理が展開する場として最終的にとりあげるのは、「実存的交わり」の空間である。それは、人格と人格とが「葛藤」「紛争」を通じて相互に呼びかけ合う「限界状況」において生じるコミュニケーションであった。そこで参照されている理論の一つはカール・ヤスパースの実存哲学であるが、ヤスパースの用いた概念としての Kommunikation が、相良の表現に影を落としてはいないだろうか。同じ関連で、実存哲学の紹介者であった九鬼周造の論文「日本的性格」を、相良が第八章「おのずから」の付記でとりあげているところも、重要な意味をもっているように思われる。

†「対峙」と「誠」

『日本人の心』の第二章は「対峙する心」と題されている。とりあげる題材は戦国時代と近世の武士の思想である。ここで、個人どうしの「対峙」としてその思想を特徴づけているところも、和辻の「武士道」論とは対照的と言えるだろう。和辻の場合は、日本の「慈悲」の思想伝統の一環として、武士の主君に対する「献身」をとらえた。それは同時に、主従がともに「政治的正義」を実践しようという理想と関係するものであったが、中世の武士団や戦国大名の家中、あるいは徳川時代の大名家といった人倫組織の内部で、上位者の命令にひたすら忠実に生きることが強調されている。

相良ももちろん、そうした忠誠の純粋さを、武士の思想の特質としてとりあげる。だが同時に、そうした献身を支えている強固な自己意識に注目するのである。すなわち山鹿素行《やまがそこう》が『山鹿語類』のなかで、武士の理想的な生き方を「卓爾《たくじ》」と表現していることに注目する。それは「抜きんでるさま」を意味する言葉であるが、「他人に支えられて立つのではなく、自《みずか》らのうちに自らの踏まえどころをもって立つこと」を要請する。武士たちはこうした「卓爾」を理想としてみずからを律し、「独り立つ」ことを標榜しながら、おたがいに「対峙」する高邁な精神を内に育てていたのである。

相良の武士道論の特徴は、こうした武士の「独り立つ」思想が、福澤諭吉や内村鑑三の例に見られるように、やがて西洋の個人主義や権利の発想を受容する基盤となったと説くところにある。もちろん、日本と西洋との思想伝統の違いにも言及してはいるのだが、武士における個人主義を指摘したとも言える相良の議論には、丸山眞男が論文「忠誠と反逆」（一九六〇年）で示した、武士の思想への関心と共通するものを読み取ることもできるだろう。

しかし、武士の思想にも見られる「至誠」という言葉に表れているような、心情の「純粋さ」の追求に対して、相良の評価はきびしい。第三章「純粋性の追求」で、その議論が展開されている。そこでは、日本人がよく使う「誠実」という言葉づかいに対して、こんな指摘がある。

われわれは、人に対して「誠実」であることを思うが、ただ「誠実」でありさえすればよいのであって、この誠実でありさえすればよしとする姿勢には、例えば人格の尊厳、人命の尊重の思想は、きびしく言えば介在する余地がないのである。他者に対する心情が純粋であればよいのであって、他者とはそもそも何かという客観的な問いは、日本的な「誠実」からは出てこない。（増補新装版一〇二頁）

こうした「誠実」のもつ問題性は、現代でも日本の言説が倫理や政治を論じるさい、しばしば姿を見せる。心情の純粋さを礼賛し共感する状態をこえて、客観的な「理法」に基づいた人と人との秩序を創りあげるには、どうしたらいいのか。まだまだ現代人は、相良の著作と対話しながら考え続ける必要がありそうである。

（『日本人の心』増補新装版、東京大学出版会、二〇〇九）

ちくま新書
1343

日本《にほん》思想史《しそうし》の名著《めいちょ》30

二〇一八年七月一〇日　第一刷発行

著者　苅部 直（かるべ・ただし）
発行者　山野浩一
発行所　株式会社 筑摩書房
東京都台東区蔵前二-五-三　郵便番号一一一-八七五五
振替〇〇一六〇-八-四一二三
装幀者　間村俊一
印刷・製本　三松堂印刷 株式会社

乱丁・落丁本の場合は、左記宛にご送付ください。
送料小社負担でお取り替えいたします。
ご注文・お問い合わせも左記へお願いいたします。
〒三三一-八五〇七　さいたま市北区櫛引町二-六〇四
筑摩書房サービスセンター　電話〇四八-六五一-〇〇五三

ISBN978-4-480-07159-0 C0210

ちくま新書

1099 日本思想全史　清水正之
外来の宗教や哲学を受け入れ続けてきた日本人。その根底に流れる思想とは何か。古代から現代まで、この国のものの考え方のすべてがわかる、初めての本格的通史。

1017 ナショナリズムの復権　先崎彰容
現代人の精神構造は、ナショナリズムとは無縁たりえない。アーレント、吉本隆明、江藤淳、丸山眞男らの名著から国家とは何かを考え、戦後日本の精神史を読み解く。

1325 神道・儒教・仏教 ――江戸思想史のなかの三教　森和也
江戸の思想を支配していた神道・儒教・仏教にこそ、現代人の思考の原風景がある。これら三教が交錯しつつ形作っていた豊かな思想の世界を丹念に読み解く野心作。

1257 武士道の精神史　笠谷和比古
侍としての勇猛な行動を規定した「武士道」だが、徳川時代に内面的な倫理観へと変容し、一般庶民の生活にまで広く影響を及ぼした。その豊かな実態の歴史に迫る。

1101 吉田松陰 ――「日本」を発見した思想家　桐原健真
2015年大河ドラマに登場する吉田松陰。維新の精神的支柱でありながら、これまで紹介されてこなかった思想家としての側面に初めて迫る、画期的入門書。

1319 明治史講義【人物篇】　筒井清忠編
西郷・大久保から乃木希典まで明治史のキーパーソン22人を、気鋭の専門研究者が最新の知見をもとに徹底分析。確かな実証に基づく、信頼できる人物評伝集の決定版。

655 政治学の名著30　佐々木毅
古代から現代まで、著者がその政治観を形成する上でたえず傍らにあった名著の数々。選ばれた30冊は混迷を深める時代にこそますます重みを持ち、輝きを放つ。